AF434092

Lectura contemporánea de los clásicos

Carlos Bravo Regidor, Claudio López-Guerra,
Saúl López Noriega, David Peña, Andrea Pozas-Loyo
y Rodolfo Vázquez

COORDINADORES

¿Por qué leer El Federalista hoy?

MONTABER

¿Por qué leer El Federalista hoy?

Juan F. González Bertomeu

Gabriel L. Negretto

Andrea Pozas-Loyo

editorial fontamara

MONTABER

Colección: LECTURA CONTEMPORÁNEA DE LOS CLÁSICOS

¿POR QUÉ LEER EL FEDERALISTA HOY?
1.ª edición (2016), 2.ª edición (2016), Distribuciones Fontamara, SA, México,
ISBN 978-607-736-318-7
3.ª edición, octubre 2024

© Distribuciones Fontamara, SA
© de esta edición, ICG Marge, SL

Edita: Montaber
Director editorial: David Soler
Brutau, 160 – 08203 Sabadell (Barcelona)
Tel. 931 429 486 – montaber@montaber.es
www.montaber.es

ISBN: 978-84-10238-58-9

Presentación

Este libro forma parte de la colección *Lectura Contemporánea de los Clásicos*, cuya finalidad es analizar la obra de destacados pensadores de la filosofía jurídica y política, y releerla a partir de los retos de las sociedades actuales. De ahí que el propósito último de este proyecto sea despertar la curiosidad por los clásicos, discutir su obra e insertarla en el debate contemporáneo, siguiendo siempre la máxima de Ítalo Calvino: "Un clásico es un libro que nunca termina de decir lo que tiene que decir". La idea no es sacralizar autores ni convertir sus obras en repositorios de la verdad. El objetivo, por el contrario, es hacer una revisión fresca y crítica del edificio teórico y conceptual de cada obra, sin olvidar el otro gran objetivo de la colección: atender los nuevos desafíos que enfrentan las democracias modernas y, en concreto, las asignaturas pendientes de la democracia mexicana.

Esta vez nos alejamos un poco del modelo que siguen los otros volúmenes de la colección. Normalmente invitamos a especialistas a discutir la obra de un autor, sin restringir la discusión a un texto en particular. Ahora hemos hecho lo opuesto. Nuestro *clásico* en esta ocasión es un texto, no un autor: *El Federalista*. Y no sólo eso. Es además un texto que, al haberse publicado originalmente bajo un pseudónimo, desdibuja al autor. Así, en lugar de elegir un autor sin especificar un texto, ahora elegimos un texto que no especifica a su autor.

El Federalista es una colección de 85 ensayos. Excepto los últimos ocho, que se añadieron a la primera edición como libro, todos fueron publicados entre octubre de 1787 y agosto de 1788 como artículos en diarios neoyorkinos (la gran mayoría aparecieron en *The Independent Journal* y *The New York Packet*). El objetivo de *Publius*, el misterioso autor, era persuadir a los ciudadanos del estado de Nueva York de ratificar el proyecto de Constitución propuesto por la Convención Constituyente de Filadelfia. Alexander Hamilton y James Madison, dos de las tres plumas detrás de *Publius*, fueron importantes miembros de esa Convención (John Jay, el otro integrante de la terna, no fue parte del Congreso Constituyente, y sólo contribuyó con cinco ensayos). *El Federalista* es, pues, un alegato de algunos de los "padres fundadores" de la Unión Americana a favor del régimen político que desde entonces existe en Estados Unidos: el gobierno representativo con separación de poderes. Pero no es cualquier alegato. Los textos que componen *El Federalista* son de tal profundidad, cuidado y riqueza que ahora forman parte del canon en la historia del pensamiento político.

La pregunta "¿por qué leer hoy *El Federalista*?" es a la vez más fácil y más difícil de responder que otras similares en torno a ciertos autores. Por un lado, es más fácil porque el modelo norteamericano ha sido tan emulado en otras partes, especialmente en América Latina, que la relevancia de las ideas de sus creadores es obvia. Cualquier persona que viva en un sistema presidencial tendrá mucho que aprender sobre las instituciones políticas de su país mediante una lectura de *El Federalista*. Pero justamente porque la relevancia de *El Federalista* es obvia en estos casos, y porque no se trata de un texto con un lenguaje técnico que requiera de intermediación, el reto de responder de una forma interesante a la pregunta de por qué leer esta obra es considerable.

Los tres textos que integran este volumen (ordenados alfabéticamente) enfrentan el reto con ingenio y destreza. Tras una exhaustiva reflexión histórica en torno a la Constitución de Estados Unidos y *El Federalista*, Juan F. González Bertomeu propone que esta obra es valiosa por tres razones centrales. En primer lugar, es tal vez el mejor ejemplo de la posibilidad de modificar nuestras instituciones políticas mediante el diseño racional. Es un testimonio de nuestra capacidad para controlar nuestro destino político, contra la idea de que las instituciones tienen una cierta inevitabilidad histórica ante la cual sólo nos queda la resignación. En segundo lugar, *El Federalista* aporta la valiosa idea de que la mejor estrategia para proteger los derechos de los gobernados consiste en limitar el poder. Si los gobernantes no enfrentan controles efectivos, las cartas de derechos individuales no son más que una lista de buenos deseos. Finalmente, González Bertomeu destaca que el análisis en *El Federalista* tiene la virtud de no modelar una utopía, un orden político ideal, sino que defiende, sin asumir premisas heroicas sobre el comportamiento humano, un proyecto constitucional imperfecto, producto de complejos acuerdos entre personas con distintas ideas y perspectivas.

Gabriel L. Negretto aborda un problema importante y poco discutido en torno a *El Federalista*: en ciertos contextos históricos, la doctrina constitucional que propone *Publius* puede contener la semilla de su propia destrucción. La idea es la siguiente. Aunque la legitimidad del proyecto constituyente de Filadelfia radicó en el derecho del pueblo a elegir su forma de gobierno –el principio de soberanía popular–, los autores de *El Federalista* y la Constitución de Estados Unidos optaron por no regular el ejercicio de ese derecho en el texto constitucional. En efecto, la Constitución de Estados Unidos establece que sólo los poderes constituidos pueden hacer cambios constitucionales; no existe un mecanismo (constitucional) para que el soberano, el pueblo, inicie un proceso de cambio. Negretto señala que, en contextos con instituciones débiles y presidentes fuertes, como en América Latina, esta negación a regular la participación popular para cambiar la Constitución conlleva un grave riesgo: deja abierta la puerta para que algunos apelen directamente al pueblo para perpetuarse en el poder, socavando la división de poderes y el respeto a los derechos individuales. Con base en este diagnóstico, Negretto defiende la necesidad de regular en la propia Constitución el principio de soberanía popular.

Finalmente, Andrea Pozas-Loyo nos ofrece un novedoso análisis del sistema de frenos y contrapesos. Un objetivo central de este sistema es establecer un Poder Ejecutivo limitado. Sin embargo, como apunta Pozas-Loyo, es un hecho que los sistemas presidenciales de la actualidad, incluido el norteamericano, han concentrado más poder en el Ejecutivo de lo que parece permitir el modelo que se defiende en *El Federalista*. Ante esta realidad, Pozas-Loyo identifica dos posibilidades: el sistema de pesos y contrapesos ha sido ineficaz, o el creciente poder del Ejecutivo es de alguna manera compatible con ese sistema, a pesar de las apariencias. En el primer caso, debemos preguntarnos por la fuente de la ineficacia: ¿se trata de un problema de diseño en los sistemas que se han puesto en práctica, o se trata de una falla más profunda que pone un duda la viabilidad del sistema de frenos y contrapesos como tal? En el segundo caso, si fuera posible armonizar el creciente poder del Ejecutivo con el sistema de frenos y contrapesos, ¿cómo deberíamos revisar o interpretar la teoría expuesta en *El Federalista* para tal efecto? En suma, la realidad de los sistemas presidenciales contemporáneos nos obliga a regresar a *El Federalista*, ya sea para entender o para subsanar el funcionamiento de la relación entre poderes.

En lo que se refiere a la teoría y práctica del gobierno representativo con separación de poderes, *El Federalista* no es sólo un clásico, sino el clásico de clásicos. Es un privilegio reunir aquí tres excelentes textos originales sobre una obra de tal importancia por parte de tres connotados especialistas en teoría constitucional y política.

UNA OBRA ANACRÓNICA, ES DECIR, VALIOSA

*Juan F. González Bertomeu**

1. Introducción

Entre el 27 de octubre de 1787 y el 16 de agosto de 1788, con el trasfondo de las discusiones acerca de la ratificación del texto constitucional aprobado meses antes en la ciudad de Filadelfia, el diario *Independent Journal* de la ciudad de Nueva York primero, y luego otros como *New York Packet*, publicaron 77 artículos de opinión escritos por Alexander Hamilton, James Madison y John Jay y etiquetados en el momento como *El Federalista*. Los ensayos abogaban por la ratificación del nuevo texto constitucional. Liderados por Hamilton, quien escribiera la mayoría, pero firmados anónimamente bajo el nombre colectivo *Publius*, los escritos fueron poco tiempo después condensados en dos volúmenes y publicados de manera autónoma. Los volúmenes contenían un total de 85 ensayos, pues incluían ocho escritos inéditos (los ocho últimos, que luego también fueron publicados en periódicos).

* Agradezco los valiosos comentarios recibidos durante las sesiones de discusión celebradas en el CIDE, particularmente de Andrea Pozas-Loyo, Gabriel Negretto, Rodolfo Vázquez y Claudio López Guerra.

A fines de 1788, Thomas Jefferson, crítico de algunos de los argumentos desarrollados en *El Federalista* (en adelante, EF),[1] destacó la obra como "el mejor análisis sobre principios de gobierno jamás escrito" (Chinard, 2011). La Corte Suprema de Estados Unidos la ha calificado como la opinión autorizada sobre la interpretación de la Constitución, y ha sido casi unánimemente considerada un texto central para el pensamiento político-constitucional moderno y contemporáneo (Rossiter, 1964; 1999). Pero ¿cómo juzgar ese texto? A un nivel más básico ¿qué tipo de texto es EF? ¿A qué se debe la fama que le conocemos? ¿Es esa fama merecida? ¿Qué nos dice el texto a quienes lo leemos hoy? ¿Por qué (o por qué no) vale la pena seguir leyéndolo?

En el presente escrito intentaré dar respuestas a estas preguntas. Lo haré en tres secciones. En la siguiente, la segunda, enmarcaré EF en el contexto político del momento e indagaré sobre posibles maneras de analizarlo. En la tercera sección estudiaré los motivos del éxito de una obra que, tal vez de manera poco sorprendente, quedó ligada a su referente: la Constitución de Estados Unidos. En la sección cuarta elaboraré una lectura más contemporánea de EF: destacaré sus limitaciones y contribuciones principales. Diré que las últimas pesan más que las primeras y que, por ende, se justifica dedicar nuestra atención al texto. Finalmente, en la última sección ofreceré una breve conclusión.

A partir del mapa esbozado podrá inferirse que el texto se vale en parte del análisis histórico –acerca del contexto en el que apareció EF y los intereses y motivaciones que tenían sus autores– para hacer reflexiones acerca de su valor y actualidad. A pesar de que una interpretación de EF abstraída del contexto, los intereses y las motivaciones podría tener mérito autónomo, el texto se entiende mejor, y se captura más plenamente su relevancia (y, en algunos casos, su falta de relevancia), si se presta cuidadosa atención a esas cuestiones.

Una última aclaración puede ser pertinente. La literatura académica ha sostenido un rico debate sobre un tema muy cercano al de este ensayo, pero acerca del cual éste no profundiza. Se trata de la

---

[1] Los ensayos individuales de *El Federalista* son identificados por su número, antecedidos por el símbolo #.

discusión sobre la pertenencia a tradiciones del pensamiento político de los defensores de –y los opositores a– la nueva Constitución, incluyendo a los autores de EF. ¿Sólo los opositores eran republicanos cívicos? ¿O también lo eran los defensores? ¿O es que los defensores eran sólo liberales (o proto-liberales)? ¿O los opositores sólo comunitaristas? Si bien en el texto refiero al pensamiento de los autores de EF y al de algunos de sus detractores, no lo hago con el fin directo de contestar esa pregunta. Además de la razón patente, que en parte motiva ese debate, de que es difícil atrapar en una categoría diáfana la postura de algunos de los protagonistas del momento constituyente estadounidense (por caso, los antifederalistas eran un grupo relativamente heterogéneo),[2] hay un motivo externo para no intentar terciar en él. Es que, más allá de la experiencia particular de 1787-1788, solemos discutir en general sobre los contornos precisos de cada una de estas tradiciones de pensamiento. De manera que es poco fructífero intentar dar una respuesta particular sin vincularse con la discusión general, algo que excedería con creces el objeto y los límites de este ensayo.

2. ¿Qué es –y cómo analizar– *El Federalista*?

Un desafío inherente a la tarea de juzgar el valor de EF es que la obra es, ante todo, un panfleto político escrito por políticos en actividad. Por eso es que puede ser problemático acercarse a ella como lo haríamos con un texto (meramente) académico. Como anticipé en la introducción, el texto no puede interpretarse cabalmente sin apreciar el contexto político particular en el que se escribió y las motivaciones e intereses que impulsaron a sus escritores; sus objetivos, alianzas y enemigos. EF es la puerta de entrada más célebre al debate sobre la Constitución de 1787, y lo recordamos en parte por eso, incluso cuando lo trascienda. Puede ser útil entonces comenzar detallando el proceso político que culminó en la escritura de EF.

2.1. Contexto. En 1781 entró en vigencia la primera Constitución de Estados Unidos, los "artículos de la Confederación y Unión

---

[2] Acerca del tema véase Duncan (1994), Cornell (1990), Johnson (2004), Borowiak (2007).

Perpetua", y al poco tiempo el texto ya tenía fuertes detractores. Los "artículos" creaban una liga de amistad entre las 13 colonias de entonces, que mantenían su soberanía y delegaban una cuota mínima de poder a una débil estructura de gobierno central. En esencia, ésta consistía en el "Congreso de la Confederación", continuador del "Congreso Continental", en actividad desde años antes de la independencia. El Congreso de la Confederación, en el que cada estado tenía un voto, era el encargado de llevar adelante la política exterior, y tenía poderes muy débiles de regulación, entre los cuales no estaba el de crear impuestos. Sus decisiones no eran aplicables directamente a los ciudadanos de cada estado sin el consentimiento de los últimos, y los fondos que necesitara tenía que requerirlos a los estados, que conservaban el poder de negarlos (algo que hacían con frecuencia, incluso durante la guerra posterior a la independencia). Los estados, por ejemplo, conservaban la facultad de bloquear la navegación de sus ríos, de manera que el gobierno central no podía garantizar a un socio comercial el derecho de navegar sin restricciones para vender sus productos. Los estados también se cobraban impuestos entre sí.

Esta estructura de tipo confederal, con un débil gobierno central, no era un mero accidente de la historia. Era, antes bien, la concreción institucional de los principios de la revolución independentista triunfante, fuertemente hostil a las concentraciones y delegaciones de poder (Kramnick, 1987). Sin embargo, algunos la consideraban un obstáculo para el desarrollo económico y la concordia entre los estados (Hardin, 1999; Wood, 1998; 2009). En particular, las élites económicas veían en la laxitud de los lazos entre los estados y en la debilidad del gobierno central escollos para garantizar el cumplimiento de los contratos, promover el comercio y la confianza internacional, y limitar la competencia improductiva, y potencialmente destructiva, entre las distintas jurisdicciones del país (*idem*).

La situación social posterior a la revolución estuvo signada por una aguda depresión económica y por la penuria que sufrían miles de pequeños empresarios y campesinos endeudados, que carecían de acceso a medios para hacer frente a sus obligaciones (Wood, 2009; Gargarella, 1995). Las compañías europeas exigían el pago directo, en moneda dura, a sus socios comerciales en las colonias, que a la vez demandaban lo propio de sus deudores locales, y así hasta los pequeños consumidores. En algunos estados esto provocó fuertes movilizaciones sociales en demanda de la condonación de deudas y la impresión de papel moneda. Muchos de los deudores habían hecho grandes esfuerzos e incurrido en grandes pérdidas durante la guerra, y ahora se encontraban endeudados y perseguidos (*idem*).

En 1786 y 1787, en el centro y oeste del estado de Massachusetts, un grupo de estos deudores se armó para forzar el cierre de las cortes locales con el fin de evitar que decidieran en su contra. Episodios como éste (conocido como la "rebelión Shays", por el nombre de uno de sus líderes) ocupaban un lugar central en la preocupación de las élites políticas y económicas, temerosas del avance de los sectores populares y de lo que consideraban un escenario nacional de disgregación social. La situación en otros estados era relativamente similar, en algunos casos (como los de Rhode Island o Pensilvania) con asambleas locales muy receptivas a las demandas sociales (*idem*). Si la estructura a nivel nacional era la de un gobierno débil, a nivel local primaban los legislativos por sobre los ejecutivos (*idem*).

A mediados de la década de 1780, varios políticos comenzaron a pugnar por la revisión de la Constitución vigente, en particular para dar al Congreso el poder de regular el comercio. Madison, entonces comenzando su tercera década de vida, tuvo un liderazgo central en ese proceso. El virginiano había dedicado años al estudio de ensayos clásicos de teoría política y de experiencias históricas de organización institucional en busca de la mejor solución para los problemas que, según consideraba, enfrentaba el nuevo país (su padrino político, Jefferson, le enviaba obras desde París, en donde oficiaba como diplomático). Estaba entonces familiarizado con el pensamiento de autores como Locke, Hume, Harrington, Maquiavelo y Montesquieu, todos ellos influencias significativas en lo que sería la nueva Constitución.

En 1786, Madison y John Tyler, ambos miembros de la Asamblea de Virginia, convocaron a una reunión con representantes de varios estados en la ciudad de Annapolis, estado de Maryland. El producto de la reunión fue un reporte elaborado por Madison y el neoyorquino Hamilton invitando al Congreso a que convocara a una convención con el fin de revisar los "artículos", lo que sucedió poco tiempo después. Si bien algunos vieron la convocatoria a la ciudad de Filadelfia como un episodio relativamente menor y rutinario (Jefferson no se molestó en regresar para el evento), otros intuyeron el alcance que tendría. Por ejemplo, el político virginiano Patrick Henry, fuerte defensor de los derechos de los estados, rehusó participar de la convención sosteniendo "oler una rata" en Filadelfia, una tendencia hacia una mayor concentración de poder o incluso la monarquía (*Encyclopedia Virginia*). Y el rebelde estado de Rhode Island directamente optó por no enviar delegados.

Lo que sucedió en la convención se conoce en gran medida a partir de las crónicas de Madison, el líder infatigable de la facción favorable a la creación de un gobierno nacional más fuerte (la convención sesionó en secreto, lo que le valió críticas).[3] Esta facción, autoidentificada desde el comienzo como "federalista", atacó tempranamente proponiendo el "plan de Virginia", que consistiría en un gobierno fuertemente centralizado, división de poderes y frenos y contrapesos entre ellos. El Congreso sería bicameral y los miembros de la cámara más representativa de los intereses del pueblo (los de la otra cámara serían seleccionados por las legislaturas) quedarían limitados por la prohibición de reelección y la posibilidad de revocación de su mandato. La composición de ambas cámaras respondería a la población de los estados, algo que favorecía a estados grandes como Virginia. El gobierno central tendría poder de veto sobre las leyes locales, y existiría un comité compuesto por el ejecutivo y miembros del judicial para revisar la constitucionalidad de las leyes federales. Hamilton, por su parte, presentó también una propuesta de gobierno central concentrado, pero con un presidente cuasi-monárquico, elegido de por vida mientras durara su buena conducta, y legisladores escogidos en términos similares. Su inspiración indirecta era Inglaterra, en particular el rey y los lores. La propuesta cayó como un balde de agua fría en un medio político que todavía recordaba la lucha contra la monarquía británica, lo que le ganó a Hamilton la reputación de monarquista (Chernow, 2010).

---

[3] Elster (2012), sin embargo, destaca posibles ventajas de una deliberación no pública.

La propuesta federalista fue un golpe estratégico (uno de los varios del proceso) con el fin de fijar la agenda alrededor de la creación de un gobierno central "enérgico". Los debates posteriores, en muchos casos vehementes, estuvieron condicionados por esa propuesta inicial. Y su maximalismo inicial se prestaba para el compromiso político con facciones opositoras con el fin de llegar a una posición más moderada, pero todavía cercana a la posición federalista. La propia identificación del grupo como "federalista" había sido un paso estratégico, pues el grupo defendía un gobierno mucho más centralizado que sus rivales, cuyas propuestas tendían a reivindicar la soberanía de los estados. Los defensores de estas propuestas, catalogados como "antifederalistas" por su oposición al primer grupo, sostenían ser los verdaderos "federalistas".

Luego de debates acalorados sobre el balance de poder entre el Estado central y los estados locales, y entre estados chicos y estados grandes, y sobre el tema delicado de la esclavitud y el cálculo de representación en estados fuertemente esclavistas, las delegaciones lograron varios compromisos que condujeron al texto original de la Constitución. Uno de ellos fue el llamado "gran compromiso", que equilibró los poderes de estados grandes y pequeños al hacer que todos tuvieran la misma representación en el Senado, pero que la Cámara de Representantes respondiera a la población de cada estado. El resultado fue favorable a los federalistas, pues el texto final dotaba al gobierno central de poderes mucho más considerables que bajo la anterior Constitución, y lograba limitar a los legislativos, una reacción, nuevamente, frente a episodios como la "rebelión Shays". Jefferson, uno de los grandes ausentes en Filadelfia, afirmó: "Nuestra convención se ha dejado impresionar demasiado por la insurrección de Massachusetts y, sin detenerse a pensar, ha creado un ave de pesa para cuidar a un gallinero".[4]

La convención determinó que, en vez de la unanimidad requerida por los "artículos", el texto se consideraría adoptado si 9 de los 12 estados que habían participado lo ratificaban. Temiendo que las legislaturas locales fueran reacias a la aprobación, pues sus miembros perderían poder bajo el nuevo esquema, Madison logró impo-

---

[4] "Letter from Thomas Jefferson to William Stephens Smith". Citada en Kramnick (1987).

ner la exigencia de que fueran convenciones especialmente convocadas a tal efecto y elegidas por la ciudadanía las que decidieran si ratificarlo o no.

El 15 de septiembre, las delegaciones votaron unánimemente a favor (cada una tenía un voto en la convención, con independencia de la cantidad de delegados que enviara), y poco tiempo después el Congreso resolvió enviar el texto a las legislaturas de los estados para comenzar el proceso de ratificación.

2.2. *Comienza a aparecer* EF. El proceso político que siguió fue arduo. Delaware, el primero en ratificar, votó unánimemente a favor el 7 de diciembre de 1787, acompañado días más tarde por Pennsylvania y Nueva Jersey. Para enero del año siguiente, cinco estados ya habían ratificado (se habían sumado Georgia y Connecticut), pero todavía faltaba el concurso de cuatro más de las doce colonias originales presentes en la convención. Rhode Island rechazó abrumadoramente la Constitución en marzo de 1788 (sería luego el último estado en sumarse, con el texto ya aprobado) y el escenario era incierto en estados importantes como Massachusetts, Virginia y Nueva York.

Si bien el movimiento antifederalista estaba débilmente organizado y convivían en él fuerzas y clases sociales divergentes, unía a sus integrantes la impugnación a la Constitución. La ratificación, según los antifederalistas, implicaría una fuerte pérdida del poder de los estados y la creación de un gobierno central con elementos aristocráticos y autoritarios, que violaría los derechos de los ciudadanos (Ketchman, 2003). Algunos antifederalistas se quejaban de que el nuevo gobierno daría un impulso excesivo al comercio y la industria a expensas de una economía local basada en la agricultura, y muchos lamentaban la pérdida de valores comunitarios y religiosos (Kramnick, 1987). Para los antifederalistas, la Constitución aprobada representaba el fin del espíritu igualitario y antidespótico de la revolución (*idem*).

En algunos estados, como los tres mencionados, la oposición era fuerte y exaltada. Las voces más resonantes provenían de las personas identificadas con los seudónimos John DeWitt (desconocida) y Agrippa (James Winthrop) en Massachussets; Federal Farmer (Richard Henry Lee) en Virginia; y Cato (posiblemente el entonces gobernador George Clinton) y Brutus (posiblemente Robert Yates) en Nueva York. En septiembre y octubre de 1787 se publicaron en Nueva York tres cartas firmadas por Cato, montando un vigoroso ataque a la Constitución. Luego de una primera en la que abogaba por ejercer un espíritu vigilante y crítico respecto del nuevo texto, Cato lanzaba una serie de invectivas en artículos posteriores. Brutus haría lo mismo semanas después, y algo similar se observaba en otros estados.

Viendo con preocupación estas reacciones, y temiendo perder terreno en un debate que parecía torcerse en contra de la Constitución, Hamilton decidió dirigir una campaña en su defensa. Con ese fin, reclutó al erudito Madison y a Jay, en ese entonces secretario de Relaciones Exteriores. *El Federalista* empezó a aparecer el 27 de octubre de 1787 y continuó hasta el 28 de mayo de 1788, cuando se publicó el ensayo número 85. Al momento de comenzar la serie, ningún estado había ratificado el texto. Nueva York votó finalmente a favor el 26 de julio de 1788, por un margen muy escaso (30-27) (Virginia, el estado de Madison, había ratificado el 25 de junio, 89-79).

Para lograr el voto favorable en varios estados pesó la promesa escrita arrancada por los antifederalistas de que la Constitución habría de ser complementada en el corto plazo con una carta de derechos, o *Bill of Rights*. En la convención se había propuesto la adopción de una carta semejante, pero la medida se rechazó sin mucha consideración. Un representante de esta posición renuente fue Hamilton, quien en #84 desdeñó la noción de que la nueva Constitución presentara deficiencias debido a la ausencia de una carta. Entre sus argumentos, Hamilton sostuvo que algunas constituciones locales respetadas, como la de Nueva York, tampoco tenían una lista particular de derechos; que las cláusulas relativas a la estructura del nuevo gobierno ya le imponían límites importantes (como la garantía del *habeas corpus* o la prohibición de leyes retroactivas); que una lista de derechos sólo era necesaria para acuerdos entre el rey y sus súbditos, y no para una Constitución basada en la soberanía del pueblo; y que la adopción de una lista con límites específicos al gobierno crearía la falsa impresión de que el gobierno tenía facultades que la Constitución en verdad no le otorgaba (como la de regular la libertad de prensa). Hamilton se sumaba así a las opiniones en similar sentido expresadas por James Wilson durante los debates sobre la ratificación en Pensilvania (Wilson, 2007). La convención pesó también para el rechazo la noción imperante entre los federalistas de que la fuente del peligro central eran los estados locales, no el gobierno federal.

Sin embargo, varios líderes locales insistían en la postura de que el *Bill of Rights* sería una garantía contra los abusos del poder central, y la insistencia ponía en riesgo la ratificación. Inicialmente reacio a su adopción, Madison terminó haciendo suya la propuesta, redactando una primera versión de las modificaciones, que fueron ratificadas como enmiendas en 1791.

2.3. Autores. De los tres autores de EF vale la pena ocuparse de Hamilton y Madison, pues Jay se enfermó y sólo llegó a escribir cinco de sus ensayos, sobre relaciones exteriores y el poder de aprobar tratados (#2-5 y #64).[5]

Hamilton escribió la mayoría, 51, dejándole 26 a Madison. Y se sostiene que tres (#18-20) fueron coescritos por ambos. Hamilton, todavía más joven que Madison, había nacido en la isla caribeña de Nevis, una de las Indias Británicas Occidentales. Luchó durante la guerra de independencia, en la que escaló posiciones hasta llegar a comandar batallones en operaciones importantes y convertirse en lugarteniente de Washington. Luego ocupó un asiento en el Congreso representando a Nueva York, en donde se había casado con Elizabeth Schuyler, integrante de una de las familias más acomodadas del estado.[6] Madison, por su parte, había nacido en el seno de una familia acaudalada de Virginia, y su padre era dueño de una de las plantaciones de tabaco más grandes del estado, en parte basada en el trabajo esclavo, que el hijo heredó. Trabajó al amparo

---

[5] Jay había sido miembro del Congreso Continental, embajador en Europa, y ministro de relaciones exteriores. Luego de la ratificación de la Constitución se convirtió en presidente de la Corte Suprema, cargo que ocupó hasta 1795, cuando fue elegido gobernador de Nueva York.

[6] Con posterioridad al periodo que nos ocupa, Hamilton fue secretario de Finanzas de Washington (el primero en ocupar el cargo), y murió poco tiempo después, en 1804, en un duelo contra el político Aaron Burr, una de las consecuencias de la muy reñida elección de 1800.

de Jefferson en la legislatura de Virginia, en donde adquirió un rol prominente.[7]

Pese a que luego de la ratificación seguirían por caminos muy distintos, y que algunas de sus diferencias ya se revelaban en EF, a los autores los unía al momento de escribir el interés por consolidar la unión y establecer un gobierno central efectivo, cierto escepticismo acerca de las capacidades políticas de las mayorías (lo que se expresaba especialmente en el temor a los legislativos locales), y la opinión de que el gobierno debía quedar a cargo de una minoría de representantes ilustrados y virtuosos (Wood, 1989; 2009). Pero también había diferencias. En Hamilton se advierte una preocupación mayor por la construcción del nuevo Estado y por el impulso de la industria y el comercio (Kramnick, 1987). Para el autor, el nuevo país debía ser protagonista en el escenario internacional y asegurar su trascendencia (*idem*), y para esto necesitaba poderes muy fuertes. El objetivo específico de Madison parecía más modesto: asegurar una estructura de gobierno en la que ninguna facción (y, muy en particular, las mayoritarias) pudiera violar la libertad del resto y, por ende, debilitar a los estados y a la cámara legislativa más popular.[8] Aunque en forma indirecta, la posición de Madison evoca la idea antigua de la Constitución mixta, que reservaba una porción del poder a cada clase o estamento social. Como sugiere un autor, a diferencia de la fortaleza en el gobierno defendida por Hamilton, Madison llega incluso a criticar (en #62) el exceso de leyes y regulaciones (*idem*).[9] No parece casual que la mayoría de los ensayos dedicados a explicar el mecanismo de separación de poderes haya quedado en manos de Madison. Sería un defensor más convincente, pues Hamilton no parecía ser un partidario enfático de este esquema.

---

[7] Luego de la convención sería miembro de la Cámara de Representantes, secretario de Estado de Jefferson, y presidente.

[8] A pesar de su impulso por fortalecer el gobierno nacional, Madison no sostenía que la soberanía de los estados debiera fundarse completamente en el pueblo de la nación (como, por ejemplo, lo hacía James Wilson). El virginiano defendía una noción de soberanía dividida entre estados y nación (#39).

[9] La diferencia entre los autores puede verse en el uso de ciertas expresiones. Hamilton habla de la "fortaleza" [*strength*] y "vigor" [*vigorous*] del gobierno en unas treinta ocasiones, mientras que Madison emplea estas expresiones mucho más esporádicamente.

2.4. Contenido. Los textos pueden agruparse de manera relativamente nítida. Los primeros ensayos (#1 a #8) se ocupan de llamar la atención sobre los problemas existentes bajo los "artículos" y que la nueva Constitución vendría a resolver. El más importante de ellos era el del posible colapso de la confederación, ya sea como resultado de la lucha armada en conflictos internos o de la competencia comercial improductiva entre estados soberanos. La Constitución también brindaba una mejor protección en contra de enemigos externos, y lograba reducir los costos del gobierno. Identificar estas amenazas –genuinas o exageradas– generaba una ventaja en la discusión. Si la alternativa era el caos, casi cualquier propuesta podía sonar como aceptable. Los críticos de la Constitución, a su turno, tendían a minimizar los peligros y a destacar los riesgos de la nueva empresa.

Los autores luego se ocupan (en #9 a #28) de responder a las críticas generales articuladas en contra del nuevo gobierno. Una era el temor (expresado en cartas como Cato III o Federal Farmer I) de que una república tan extensa no pudiera funcionar virtuosamente. Este temor encontraba asidero en posiciones como la de Montesquieu, un autor celebrado por los federalistas, y a quien Cato cita explícitamente. Para el francés, como en general para el republicanismo cívico clásico, la virtud pública descendía a medida que aumentaba el tamaño de un Estado (Montesquieu, 1989, libro 8, capítulo 16). En una gran república, los intereses de los ciudadanos son demasiado heterogéneos, lo que permite que se forme una amplia brecha entre intereses públicos y privados. Además, una gran república sólo puede ser asegurada militarmente concentrando despóticamente el poder, lo que, según el francés, había sucedido en la Roma antigua.[10] En el ensayo tal vez más célebre del texto, #10, Madison toma el toro por los cuernos y, siguiendo a Hume, da vuelta la lógica de Montesquieu, sosteniendo que una república grande es la mejor vía para asegurar la libertad. Lo hace celebrando la heterogeneidad, asegurando que en un país semejante aumentaría el número de facciones, y que éstas se contrarrestarían mutua-

---

[10] Para Montesquieu, la confederación era una opción incluso superior para la defensa, dado que una pequeña república podía ser arrasada. Montesquieu (1999, capítulo 9); Levy (2006).

mente, disminuyendo así el poder relativo de cada una y haciendo menos probable que una pudiera alzarse con todo el poder. En otros ensayos (#42 a #52) Madison expande esta noción para justificar el sistema de "frenos y contrapesos" creado.

Casi el resto de los escritos (#29 a #83) está dedicado a defender aspectos particulares del nuevo diseño institucional, siempre respondiendo a las objeciones principales dirigidas por los críticos. Los autores analizan la cuestión de la creación de un ejército estable incluso durante tiempos de paz, algo que la tradición republicana siempre consideró una amenaza contra la libertad (recuérdese que los ejércitos de la República romana no podían entrar a la ciudad); la autoridad para crear y cobrar impuestos; la cláusula de supremacía de la ley nacional; la creación de un gobierno con poder y energía suficiente para hacer su trabajo de manera eficaz; la naturaleza republicana de ese gobierno; la autorización de la convención para proponer una Constitución nueva; los poderes conferidos a la autoridad central y los reservados a los estados; la separación y el control mutuo entre los poderes; los métodos de elección para las cámaras legislativas nacionales; el tamaño de las cámaras; las calificaciones de los legisladores; los poderes presidenciales para firmar tratados internacionales; el poder del Senado de enjuiciar políticamente; los poderes de la Presidencia y la duración de su mandato; y las potestades y modos de organización del Poder Judicial federal. Los dos últimos ensayos (#84-85) obran como resumen y apelación final a los votantes.

2.5. Naturaleza del texto. Como surge de esta reseña, y según anticipara, EF es una serie de ensayos escritos por políticos en actividad con el fin de reconducir a la opinión pública hacia un resultado político concreto. Un modo muy simple, aunque apropiado, de evaluarlo sería preguntarse si los medios empleados lograron ese fin, lo que, como es obvio, merece una respuesta afirmativa.

A pesar de sus abundantes repeticiones, algo normal si se considera su carácter segmentado y la escritura apresurada, el texto es erudito y prolijo, especialmente bajo la pluma de Madison. Sin embargo, no todo lo que sus autores dicen puede ser tomado como muestra genuina de sus ideas políticas, por dos razones generales. En primer lugar, los autores adaptaban el texto según las necesidades. El contenido de EF es estratégico y su tono es cambiante (por momentos mesurado, por momentos despectivo frente a sus críticos). En particular, los autores mostraron vaivenes respecto de su consideración de las nociones de soberanía y participación popular, y una interpretación posible es que los vaivenes respondían a consideraciones estratégicas.

Pese a que no escondieron su disgusto por la participación tumultuosa de las clases subalternas (#10), y a que tendieron a desincentivar la participación del pueblo (#50), los autores celebraron la noción de soberanía popular en varias oportunidades. Madison lo hizo en #49, cuando coincidió inicialmente con Jefferson en la importancia de recurrir al pueblo dado su carácter de "única fuente legítima del poder", aunque luego, en el mismo texto, advirtió sobre los riesgos de las apelaciones frecuentes que pudieran hacerse en el futuro. Quince días antes, en #40, Madison había justificado la desviación de la regla de unanimidad exigida para reformar los "artículos", sosteniendo que el pueblo guardaba la última palabra acerca de la nueva Constitución, la facultad de "destruirla para siempre". El virginiano afirmó allí que los delegados sólo eran "amigos" del pueblo que extendían sugerencias que éste, en su carácter de "autoridad suprema", era libre de desechar. Y, en una muestra clara de pragmatismo político, agregó que lo importante era la bondad del consejo en sí, con independencia de si las sugerencias eran el resultado de un proceso efectuado respetando las reglas establecidas. Madison concluyó que había que seguir "la noble máxima de que es apropiado aceptar un buen consejo incluso cuando provenga de un enemigo".

Así, entonces, cuando se miraba al futuro, a la eventualidad de una reforma a la obra de Filadelfia, la voz del pueblo era un elemento fundacional, pero a la que sólo debía consultarse en ocasiones excepcionales. En cambio, cuando se miraba al pasado, y se trataba de encontrar argumentos para avalar la obra, la voz del pueblo se erigía por encima de todo, y podía sanar hasta el más irregular de los procedimientos políticos.

Hamilton hizo algo similar en #22, entre otros. Criticando la igualdad de voto en el anterior Congreso de la confederación, sostuvo allí que ese principio contradecía "la máxima fundamental del gobierno republicano, que exige que la opinión [*sense*] de la mayoría prevalezca". Usando un lenguaje llamativamente fuerte, Hamilton continuó: "Dar a una minoría un veto sobre la mayoría (lo que siempre ocurre cuando se exige más de una mayoría para alcanzar una decisión) es equivalente, debido a su tendencia, a someter la opinión del mayor número a la del menor número". En efecto, Hamilton había avalado en Filadelfia el plan expuesto por Madison de crear dos cámaras que reflejaran las diferencias en la población de los estados. Sin embargo, Hamilton y Madison provenían de estados grandes, que sólo podían beneficiarse de ese esquema. Por otro lado, el nuevo Senado aprobado en Filadelfia venía justamente a garantizar tal igualdad entre los estados.

Una explicación alternativa de algunas de estas oscilaciones es que los autores sabían que estaban lidiando con una audiencia hostil, con un espíritu algo más democrático e igualitario que el de ellos. Mientras que algunos de los antifederalistas más renombrados eran miembros de las "aristocracias" locales (como el caso de "Agrippa" o George Mason), otros tenían una situación social mucho menos privilegiada (Kramnick, 1987). Dado entonces que necesitaban convencer al "votante mediano", Hamilton y Madison acaso se mostraran, por momentos, como más demócratas de lo que eran.

Una segunda razón para no tomar las palabras de los autores como expresión genuina de su pensamiento es que, tanto para Madison como para Hamilton, el texto final de la Constitución se alejaba bastante de sus propuestas originales. Según vimos, ambos eran partidarios de fortalecer todavía más el gobierno central frente a los estados locales, y Hamilton había propuesto una estructura cuasi-monárquica. Por caso, el neoyorquino se quejaba, por supuesto en un ámbito distinto a EF: "Las ideas de nadie están más alejadas del plan [final de la convención] que las mías" (Brookhiser, 1999: 68). Sin embargo, al asegurar la existencia de un gobierno central con poderes no desdeñables, el producto final era claramente superior al *statu quo* (Hardin, 1989). Hamilton indagaba, retóricamente: "¿Pero es [que es] posible tener dudas entre, por un lado, la anarquía y la convulsión y, por el otro, la oportunidad de algún beneficio derivado del plan?"(Brookhiser, 1999: 68). Uno encuentra un ejemplo de este desfase en #69, cuando Hamilton defiende al nuevo Poder Ejecutivo afirmando (entre otras cosas) que el carácter limitado de su mandato lo acerca mucho más al gobernador de Nueva York que al rey de Gran Bretaña.

Pensaran o no genuinamente en ello, es necesario no perder de vista lo que los autores efectivamente dijeron. Las dos últimas secciones están dedicadas a analizar la recepción del texto y su valor actual.

3. Recepción y éxito

El texto de EF es un testimonio lúcido del trabajo de los creadores de la nueva Constitución. De manera que debe parte de su éxito al de la obra que comenta y de la cual Madison y Hamilton fueran protagonistas. Según diré, los autores podían anticipar este éxito, aunque sólo parcialmente.

3.1. La Constitución se enraíza. Pese a que EF tuvo una recepción temprana muy positiva, habría quedado más o menos desdibujado si la experiencia política sobre la que hablaba hubiera fracasado rápidamente. La experiencia fue en cambio exitosa en varios sentidos relevantes. Pese a que siempre contó con detractores,[11] la Constitución se mostró notablemente duradera. Se trata de la Constitución vigente más antigua del mundo si se consideran las diseñadas y aprobadas como tales (Elkins, 2009). Y no parece mantenerse como letra muerta sino que –para bien o para mal– sigue guiando los destinos del país. Su éxito, entonces, está determinado por su duración y por su relevancia. Por supuesto, estas cuestiones son hondamente controversiales, y acaso circulares. En primer lugar, y como es natural, el texto original no es el mismo que rige hoy, aunque esto es compatible con afirmar que lo que ha perdurado es la misma Constitución. De manera más significativa, la Constitución de Estados Unidos de hoy no es sólo su *texto* (lo que los fundadores directamente crearon) sino además los entendimientos e interpretaciones de ese texto que paulatinamente se han ido agregan-

---

[11] Entre los actuales se cuenta el profesor Sanford Levinson (Levinson, 2012b).

do a lo largo de más de doscientos años. Cuando, sin más, afirmo que la Constitución ha tenido vigencia y relevancia paso por alto los problemas de considerar qué es lo que ha tenido tal vigencia y relevancia y cuál es el criterio empleado al hacer tal afirmación. Sólo en parte podré ocuparme de estas difíciles cuestiones.[12]

¿Cuáles son las claves del éxito de la Constitución? Mencionaré cuatro causas posibles, las tres primeras tal vez más importantes que la última. La primera tiene que ver con lo dicho en el párrafo anterior. A pesar de la relativa rigidez del mecanismo previsto en el artículo V para su reforma, la Constitución logró adaptarse a la marcha de los tiempos. Algunas reformas importantes se lograron siguiendo ese mecanismo, pero otras no. David Strauss llega a sugerir que el artículo V es irrelevante (no necesario ni suficiente) para dar cuenta de la mayoría de los cambios que "la Constitución" sufriera desde su adopción (Strauss, 2001). Los entendimientos constitucionales cambiaron en virtud de los ajustes realizados por la Corte Suprema en sus interpretaciones, pero también como producto de novedades operadas a nivel subconstitucional (como en el caso importante del nacimiento del estado regulador). En una obra reciente, Elkins, Ginsburg y Melton afirman que una de las variables que explican la duración de las constituciones es su flexibilidad, su posibilidad de ajuste ante cambios de circunstancias (Elkins *et al.*, 2009). La larga duración de la Constitución de Estados Unidos, a pesar de su rigidez, pareciera entonces generar un problema para la teoría de los autores, pero parte de su respuesta radica en esta flexibilidad que, formalmente o no, brindan los mecanismos por fuera del artículo V. La Constitución no es hoy la misma que los redactores crearon, aunque al mismo tiempo sigue siendo reconocible como tal en varios de sus elementos fundamentales. Quizá parte de su éxito se explique por esta combinación de cambio y estabilidad.

Una segunda cuestión que podría dar cuenta del éxito temprano de la Constitución es su carácter relativamente, un elemento que

---

[12] Una buena discusión teórica acerca de los problemas de determinar el éxito de una Constitución (en este caso en términos de su eficacia) puede encontrarse en Andrea Pozas-Loyo, "What Constitutional Efficacy is Not". Su capítulo en esta obra también toca el tema.

es considerado por varios autores, entre otros, Elkins y compañía (Elkins *et al.*, 2009 ; Ferejohn *et al.*, 2001). Por supuesto, es extremadamente problemático sostener que la Constitución de Filadelfia cobijó originalmente a una gran parte de la sociedad. La Constitución fue la expresión de los intereses de una minoría aventajada, convalidó la esclavitud, consolidó la privación de derechos políticos a las mujeres y, como vimos, fue parida en un contexto de mucha oposición (aunque al poco tiempo de su aprobación la enorme mayoría ya la aceptaba). Me refiero a un argumento bastante más limitado: la Constitución superó desafíos tempranos que la pusieron seriamente a prueba, y lo hizo con las principales facciones políticas asentadas dentro de su esquema (Elkins *et al.*, 2009: 167; Ferejohn *et al.*, 2001). Como sostienen Ferejohn, Rakove y Riley, ante los fuertes diferendos políticos en los años siguientes a la entrada en vigencia del texto, cada una de las facciones en pugna escogió atrincherarse en alguno de los ámbitos de poder creados por él. Desde allí –desde la Presidencia, el Poder Judicial, los estados locales– intentaron defenderse y obtener réditos políticos. De modo que la Constitución, al dispersar el poder y permitir que todos obtuvieran algo, pudo acomodar el conflicto en esos desafíos tempranos, lo que como resultado podría haberla consolidado (Ferejohn *et al.*, 2001).

Extendiendo el argumento, en una contribución conocida, Russel Hardin muestra que el acuerdo en Filadelfia entre federalistas y antifederalistas moderados puede considerarse el equilibrio de un juego de cooperación. Pese a que las facciones en pugna tenían preferencias distintas en materia del tipo de gobierno a crear, ambas estaban unidas por el deseo de perfeccionar la unión, evitar hostilidades entre los estados y, en menor medida, desarrollar la economía, argumentos que mencionara en las secciones anteriores. La mayoría de los delegados sabía que sus estados perderían más quedando fuera de la Constitución que dentro de ella. Uno encuentra respaldo textual de estas ideas en la convocatoria de EF a ratificar la Constitución. Por ejemplo, en #6 Hamilton cita a Abbe de Mably: "Las naciones vecinas son enemigos mutuos naturales, salvo que su debilidad común las obligue a aliarse en una confederación, y que su Constitución evite las diferencias causadas por la vecindad, extinguiendo ese celo secreto que predispone a todos los Estados a intentar agrandar su territorio a costa de sus vecinos".[13]

Según el argumento, la mayoría de delegados prefirió respaldar la nueva Constitución incluso cuando se alejara de sus primeras opciones. Si bien fueron los antifederalistas quienes más tuvieron que resignar, el plan final tampoco era el diseñado por los miembros más conspicuos de la facción federalista. La contribución de Hardin es afín a otras contemporáneas que afirman que las constituciones exitosas son las que logran imponerse o ejecutarse por sí mismas, garantizando su estabilidad al incluir satisfactoriamente en un equilibrio de coordinación a las principales facciones en pugna. El carácter autoimpuesto de una Constitución es especialmente útil dado que no hay una autoridad o fuerza externa a ella (además de la justicia, que tiene sus limitaciones) que pueda hacerla operativa.[14] En suma, este aspecto de coordinación parece haber sido importante en el caso de la Constitución de Estados Unidos, una cuestión a la que volveré en la siguiente sección debido a su centralidad.

Una tercera causa puede relacionarse con el hecho de que la Constitución de Filadelfia regimentara la soberanía popular. En vez de mantenerse como un elemento externo a las instituciones creadas, la soberanía popular quedó en buena medida contenida por la propia Constitución, en cuanto a que su ejercicio quedó pautado por procedimientos determinados (aunque, como vimos, esto no impidió que se operaran cambios por fuera de ellos). Esto hizo de la Constitución una carta no tan mayoritaria y, para algunos, no tan democrática. Sin embargo, y con independencia de lo que se piense de ello, quizá esto haya contribuido a su estabilidad.[15] Como

---

[13] En otros ensayos (#11 a #13), el neoyorquino emplea nociones cercanas a la teoría de la firma y las economías de escala al insistir sobre la eficiencia de una unión (en comparación con la multiplicidad de estados soberanos) para desarrollar el comercio y el poderío militar.

[14] Véase, por ejemplo, Weingast (1997), Weingast (2004), Mittal (2010), Elkins *et al.* (2009). Por supuesto, una pregunta central para estas teorías, cuya respuesta no es obvia, es por qué la cooperación inicial entre distintas facciones al momento de escribir un texto habría de mantenerse a lo largo del tiempo. Andrea Pozas-Loyo, "What Constitutional Efficacy is Not".

[15] Véase, para este tema, el capítulo de Gabriel Negretto.

aseguran Ferejohn *et al.*, la comparación con las efímeras constituciones del periodo posrevolucionario francés tal vez sea pertinente, pues éstas se negaron, como también se negaba Rousseau, a someter al pueblo a la estructura de gobierno creada. Sostienen los autores acerca de esas constituciones: "Los imperativos del énfasis revolucionario respecto de la soberanía continua de la voluntad nacional siempre prevalecieron sobre el deseo prudencial de establecer un marco institucional durable de gobierno" (Ferejohn *et al.*, 2001: 6).

Una cuarta causa que podría haber contribuido a la estabilidad de la Constitución de Estados Unidos es el espíritu de veneración por el que tanto abogaba Madison en #49. La Constitución se ha ido convirtiendo con el tiempo en un texto sagrado. Y, como muchos textos de ese tipo, cumple un rol unificador. Gran Bretaña tiene a su reina; el mundo, salvo los Estados Unidos, tiene su mundial de fútbol, y Estados Unidos tiene su Constitución. Este espíritu de veneración provoca quejas airadas de críticos como el contemporáneo Sanford Levinson, quien ha llamado a socavarlo debido al rol paralizante que genera a la hora de pensar en las serias reformas que el texto necesita (Levinson, 2012b; González Bertomeu, 2012). La veneración, en otras palabras, sería una suerte de falsa conciencia. Con independencia de esto, una posible limitación del argumento de la veneración como causa coadyuvante de la estabilidad es que no explica claramente por qué es que se generó o cómo es que se reforzó. Y las explicaciones pueden tener algo que ver con las cuestiones ya analizadas.

4. Limitaciones y valor: ¿por qué seguir leyendo EF?

En varios sentidos, el pensamiento de los autores de EF no resistió bien el paso del tiempo. En otros, el transcurso del tiempo realzó su valor. En esta última sección analizo estas cuestiones: los anacronismos, las limitaciones y la vigencia del texto.

4.1. Anacronismos. La Constitución cambió bastante dramáticamente de modos que los fundadores no habían previsto, algo que convierte a EF en un texto al menos parcialmente anacrónico.

En primer lugar, la opinión que Hamilton y Madison tenían de la presidencia era la de un órgano "vigoroso" (#70 a #73), pero que siempre podría quedar inerme frente al legislativo (#49, #73). Sin embargo, como varios autores han puesto de relieve, la función de la presidencia comenzó a adquirir un contorno mucho más relevante —incluso dominante— a partir de la crisis derivada del enfrentamiento entre federalistas y demócratas-republicanos (o republicanos jeffersonianos) como resultado de las elecciones de 1800, y se reforzó notablemente décadas más tarde (Ackerman, 2007; Levinson y Pildes, 2006).[16]

De manera similar, los padres fundadores no tenían en mente la existencia de partidos políticos que movilizaran al pueblo. En opinión de Levinson y Pildes, se trataba de una institución que "los redactores sólo podían imaginar débilmente, pero que de todos modos despreciaban" (Levinson y Pildes, 2006). Los partidos modernos son una creación más tardía, de las primeras décadas del siglo XIX. Esto tuvo un impacto enorme. Entre otras cosas, como apuntan los autores recién mencionados, el cambio trastocó el sistema de separación de poderes. La expectativa original era que unos funcionarios sin una pertenencia firme a un grupo determinado (aparte de tratarse de hombres blancos y relativamente aventajados) respondieran individualmente ante el electorado y, si esto se mostraba insuficiente, que la competencia entre miembros de las distintas ramas lograra minimizar posibles excesos. En cambio, la competencia política en el país comenzó a canalizarse tempranamente a través de los partidos, no de los poderes. El resultado fue que se relajara el control político cuando un partido lograba hacerse del ejecutivo y del legislativo, un escenario históricamente más común que su alternativa (Levinson y Pildes, 2006; González Bertomeu, 2014). Como apunté más arriba, los redactores tampoco podían anticipar el nacimiento del estado regulador, que amplió dramáticamente el ámbito de actuación del estado y concentró aún más la autoridad del ejecutivo.

Un segundo elemento que convierte a EF en una obra algo anacrónica es todavía más personal e inmediato. Madison y Hamilton,

---

unidos en la defensa de la Constitución, se distanciaron rápidamente, convirtiéndose en opositores políticos. Hamilton siguió alineado con el proto-partido federalista. El que cambió fue Madison, quien se alió con la nueva facción de demócratas-republicanos liderada por Jefferson, a quien sucedería en la Presidencia. En la década de 1790 estos grupos se enfrentaron duramente, debido, entre otros temas, a la propuesta del secretario de Finanzas Hamilton de crear un banco central, algo que según Madison no estaba autorizado por la Constitución, pero también, y de manera más significativa, debido a los acontecimientos vinculados con la contienda bélica con Francia en los mares del Caribe, en 1798.

El Madison más claramente político advirtió tempranamente que el Madison delegado había errado el blanco al expresar sus temores en Filadelfia. Como sostienen Ferejohn y compañía, y según explicara en la sección 2, entre las posiciones principales de Madison se encontraban las siguientes tres: *a)* la necesidad de una república extensa para asegurar la libertad y evitar que una facción se alzara con el poder, *b)* la noción de que el control recíproco entre los poderes refrenaría posibles excesos, y *c)* la idea de que la fuente principal de peligro provenía, en primer lugar, de las legislaturas estaduales y, en segundo lugar, de la Cámara de Representantes federal (Ferejohn *et al.*, 2001). Pocos años luego de la entrada en vigencia del texto, las tres ideas se habían mostrado insuficientes, de un modo que hería la posición política particular del virginiano (*idem*).

Con el trasfondo de las hostilidades con Francia, el presidente Adams sancionó cuatro leyes (las *Alien and Sedition Acts*) aumentando las exigencias para convertirse en ciudadano del país, permitiendo al presidente poner en prisión o deportar a extranjeros considerados "peligrosos" para la paz y seguridad, y restringiendo el discurso crítico al gobierno. El partido de Jefferson reaccionó vehementemente en contra, denunciando la maniobra como una imposición autoritaria. Tal como afirman Ferejohn y compañía, la aprobación de estas leyes indicaba "o bien que la probabilidad de una tiranía de minoría era mayor de lo que [Madison] suponía, o bien que la protección que teóricamente brindaría el carácter extendido de la república en contra del peligro de que una mayoría facciosa pudiera capturar el gobierno era groseramente inadecuada" (*ibid.*: 4). De la misma manera, el control muto de los poderes podía mostrarse insuficiente una vez que el presidente contara con el apoyo del legislativo (*idem*). Debido a la histórica concentración del poder del ejecutivo en América Latina, estas lecciones parecen instructivas.

La mayor ironía, sin embargo, se refería a la tercera de las posiciones apuntadas: el peligro que representaban los estados. La facción del otrora centralista Madison ahora se refugiaba en el poder de los estados para hacer frente a los abusos del gobierno central. En el contexto político señalado, Madison y Jefferson escribieron las "resoluciones" de Kentucky y Virginia denunciando las leyes e invitando a otros estados a hacer lo propio (aunque todos rechazaron la invitación). En la segunda de las resoluciones se afirmaba:

> En caso de un ejercicio deliberado, palpable y peligroso de los poderes, no autorizado en el pacto [la Constitución], los estados que son partes de él tienen el derecho y el deber de interponerse para detener el avance del mal y para mantener dentro de sus límites respectivos a las autoridades, derechos y libertades que les pertenecen (*idem; The Virginia and Kentucky resolutions*, 1798).

El eco antifederalista de estas líneas es evidente.

La resolución de Kentucky, redactada por Jefferson, era todavía más enfática, y abogaba por la anulación de la ley federal. Declaraba: "Que los estados que forman ese instrumento [la Constitución], siendo soberanos e independientes, tienen el derecho incuestionable de juzgar su infracción, y que la anulación por parte de estos estados soberanos de todo acto no autorizado emitido bajo la apariencia de ese instrumento es el remedio correcto" (*idem*). La propuesta, por supuesto, era diametralmente opuesta a la formulada por Madison en la convención, en el sentido de someter las leyes locales a la posibilidad de anulación por parte del Congreso federal. Jefferson fue todavía más lejos, y sugirió la secesión del estado de Kentucky, una propuesta que no se conoció en el momento (*idem*). De manera que Madison, el defensor de la limitación de los poderes de los estados, se convertía poco tiempo después en uno de sus principales abanderados (Wood, 1998; 2009).

No todos los anacronismos son necesariamente problemáticos. Antes bien, algunos pueden ser testimonio de la vigencia de la Constitución y de la posibilidad de reacomodo de distintas facciones políticas de acuerdo con el paso del tiempo. También pueden mostrar las limitaciones naturales en la capacidad de previsión al diseñar instituciones, que frecuentemente adquieren nuevas formas y son empleadas de maneras no pensadas originalmente (lo que puede ser bueno o malo, dependiendo de esas formas y usos). Mencionaré brevemente dos ejemplos de estos reacomodos o cambios de dinámica. En primer lugar, la defensa que algunos antifederalistas hacían de los derechos de los estados estaba ligada, como vimos, a cierta preocupación frente al poder despótico y la pérdida de virtud ciudadana. Sin embargo, con la ampliación del país y la incorporación de nuevos estados esclavistas o racistas del sur (Luisiana, Mississippi, Alabama), el discurso a favor de los estados adquirió contornos muy particulares, vinculados con la defensa de un statu quo fuertemente opresivo. Las consecuencias todavía se viven hoy, con la política de restricción de la participación política que muchos de esos estados siguen manteniendo (González Bertomeu y Saffon, 2013).[17] La situación actual no es completamente inconsistente con el espíritu antifederalista original, pues allí convivían fuerzas que insistían en el valor de la comunidad y la religión y algunos de los miembros del sur incluso defendían la esclavitud. Sin embargo, dentro de los antifederalistas había también muchos que reivindicaban la igualdad política e impugnaban la esclavitud.[18]

El segundo ejemplo es el siguiente. Los actuales republicanos reivindican fuertemente el aporte de "héroes" tempranos como Hamilton. Como es sabido, el partido republicano se volcó a la derecha en la segunda mitad del siglo XX, pasando de ser del defensor del gobierno y la libertad del partido fundado por Lincoln al del estado mínimo (salvo en materia de seguridad) y la cercanía con las corporaciones de las últimas décadas. El movimiento del *Tea*

---

[17] Que esta situación no cambie en parte se explica por la estructura del Senado, que garantiza igual representación a cada estado sin importar su población.

[18] Véase la carta Brutus III (Ketcham, 2003) o la firmada por Consider Arms, Malichi Maynard y Samuel Field, de Massachusetts, publicada el 9 y 16 de abril de 1788 (Kaminksy, 1995), (Nash, 1990).

Party, formalmente apartidista pero íntimamente vinculado con ese partido, tiene como uno de sus credos la impugnación de la potestad impositiva del estado. Sin embargo, la incapacidad de cobrar impuestos por parte del estado central era una de las causas que llevaron a los federalistas de antaño a proponer la reforma que culminó en la nueva Constitución. Hamilton era el abanderado del gobierno fuerte, no de la ausencia de gobierno. Irónicamente, quienes estaban más cerca de lo último eran Madison y Jefferson, cuyo pensamiento (si se me permite cierto anacronismo en la interpretación) parece estar algo más asociado al actual partido demócrata que al partido republicano.

4.2. Limitaciones. Tanto la Constitución como EF tienen limitaciones, algunas bastante evidentes. En primer lugar, en la convención de 1787 prevaleció una élite ilustrada de hombres blancos con intereses políticos y económicos concretos (si bien no completamente homogéneos), quizá a expensas de la mayoría. Sostener esto no implica compartir totalmente la tesis de Charles Beard de que los redactores estaban movidos por un interés financiero personal en el resultado de las deliberaciones (Beard, 1913), aunque, como muestra Elster citando a Forrest McDonald (Elster, 2012; McDonald, 1991), un puñado de delegados, titulares de deuda pública, pareció estarlo.[19] Lo que sí es cierto es que una mayoría de redactores compartía ideas definidas sobre el crecimiento económico, la importancia del derecho de propiedad y las ventajas derivadas de la industria y el comercio (véase Elkin, 2006). Por caso, en el texto de EF uno encuentra 67 referencias a la propiedad, casi todas ellas en forma de defensas de la propiedad como derecho.

En la misma dirección, hay realmente mucho para decir a favor del sistema de separación y control mutuo de poderes, y esto se debe en buena medida a la genialidad de Madison. El sistema reduce la posibilidad de abusos por parte del gobierno y aumenta potencialmente la capacidad de entendimiento de los legisladores al promover el debate político (Holmes, 1988). Sin embargo, con su temor a la "tiranía mayoritaria", Madison y sus colegas inclinaron la balanza acaso excesivamente hacia el lado de órganos no direc-

---

[19] Una de las discusiones en la convención consistió en si el nuevo gobierno debía hacerse cargo de las deudas contraídas.

tamente representativos de la mayoría de la población, dificultando demasiado la adopción de políticas con respaldo popular (Gargarella, 1995). Por ejemplo, el equilibrio entre los poderes podría mantenerse con un Senado organizado de una manera más democrática. Además, como se dijo, el Ejecutivo –y no el Congreso– parece ser el órgano prevalente en las democracias presidencialistas actuales. Y la apuesta fuerte por los esquemas de representación puede hacer perder de vista las deficiencias graves que ellos pueden tener, y que en efecto tienen en muchos sistemas políticos. Es cierto que no todos estos problemas son completamente achacables a la Constitución o a EF. Algunos aspectos que entorpecen el proceso político (como el filibusterismo) no son creaciones de ella y podrían ser modificados, como parece estar comenzando a suceder al menos de forma limitada (Kane, 2013).

4.3. Diseño y vigencia. Del lado del haber de EF hay mucho, y en lo que resta del texto pondré de resalto las cuestiones que considero centrales.

En primer lugar está la empresa en sí de diseño institucional que Madison y compañía emprendieran, y que EF describe y defiende. El arreglo de poder particular estipulado en Filadelfia ha sido replicado, con matices, por la mayoría de países en América Latina, pero no por muchos otros. En el caso de América Latina, Estados Unidos era casi la única experiencia republicana disponible al momento en que los países lograron su independencia, y su Constitución lograba consagrar un Ejecutivo enérgico que, en el contexto de la región, se pensaba que podría hacer frente al vacío institucional y a las divisiones facciosas existentes en ese momento (Coatsworth, 2008; Przeworski, 2011a).

Muy pocos países fuera de América Latina se inspiraron en este diseño. Sin embargo, el valor de la Constitución y de EF va mucho más allá de los arreglos en particular escogidos. Madison y compañía intentaron hacer algo que era básicamente inédito. Aunque con diferencias importantes entre sí, la enorme mayoría de las constituciones del mundo que había tenido alguna aplicación práctica simplemente se ocupaban de dar cuenta de la realidad social y política existente, tomada más o menos como dada. En cambio, el experimento de Filadelfia consistió en crear una estructura de gobierno con algo de continuidad con la anterior pero en gran medida, diseñada desde sus cimientos. Si bien estos intentos suelen fracasar debido a su ambición excesiva, en este caso el esfuerzo pareció ir de la mano de un estudio agudo de experiencias previas y de un núcleo de expectativas vinculadas con la psicología social e individual, un punto al que volveré en breve.

El texto que mejor muestra la naturaleza planificada de la Constitución (más allá de los compromisos a los que luego se arribara) es #1. En el primer párrafo de EF, Hamilton sostenía:

> Con frecuencia se ha afirmado que al pueblo de este país le ha sido reservado responder… la pregunta importante de si las sociedades de hombres realmente son capaces de establecer un buen gobierno a partir de la reflexión y la elección, o si estarán para siempre destinadas a depender, para sus constituciones políticas, del accidente y la fuerza.

De manera conveniente, Hamilton subía la apuesta, siguiendo una estrategia similar a la que había escogido Cato semanas antes: "Si alguna verdad existe en ese comentario, la crisis a la que hemos llegado puede ser considerada apropiadamente como la era en la que debe tomarse esa decisión. Y una elección errónea del pueblo podría… merecer ser considerada la desdicha general de la humanidad".

Desde luego, una cosa es crear una institución (y mucho más ese conjunto de instituciones al que llamamos Constitución) y otra implementarla, en particular ante la existencia de crisis y el paso del tiempo. Unas instituciones diseñadas con un propósito pueden no lograrlo o adoptar otros en el camino. Y, a veces, caemos en la tentación funcionalista de atribuir propósitos retroactivamente a una institución a partir de los fines o funciones que ésta cumple una vez en marcha. Sin embargo, en el caso de Filadelfia, sabemos más o menos claramente qué querían los redactores, y sabemos también qué ocurrió en la práctica. Nuevamente, hubo mucho de cambio a partir de la Constitución aprobada en Filadelfia, tanto formal como informal. Sin embargo, a pesar de estos cambios, el texto actual y su operación en la práctica siguen siendo bastante reconocibles a partir de los debates de 1787. Esto es inusual, como lo es también el hecho de que la Constitución cumpliera con la finalidad prevista de reforzar el gobierno y mantener la unión (aunque, como dirían muchos críticos, tal vez haya cumplido también el fin de proteger a las clases dominantes).

4.4. No sólo barreras de pergamino. Hay dos elementos adicionales que hacen particularmente valioso el proyecto constitucional y el texto de EF. El primero es la idea de que la libertad y los derechos se aseguran en primer medida y de mejor modo diseñando una *estructura* institucional que pueda poner límites al poder antes que con la sola enumeración de derechos a ser protegidos por la justicia. Incluso cuando pueda obstaculizar reformas necesarias al *statu quo*, y en este sentido presentar aspectos problemáticos, el sistema de frenos y contrapesos y la distribución de poderes entre estados y gobierno central promueven aquel objetivo al canalizar por vías alternativas a distintos grupos que entonces pueden controlarse mutuamente (Levinson, 2012a; Ferejohn *et al.*, 2001).

Como sostiene Daryl Levinson en una contribución reciente: "En vez de enumerar y proteger derechos en forma directa [Madison y los otros redactores] diseñaron una estructura de gobierno que, según pensaban, podía proteger la libertad individual y los intereses de la minoría en forma indirecta" (Levinson, 2012a: 1295). Para Levinson, esta estructura al mismo tiempo podía dar respuesta al temor antifederalista acerca de los excesos en el ejercicio de poder de la nueva élite gobernante (*idem*).

Esta postura no implica que la protección directa de los derechos sea poco importante, o que no deba incluirse una lista de derechos en la Constitución. Personalmente, encontraría motivos para criticar esa posición. El punto central es que, en ausencia de límites estructurales al poder, los mecanismos directos de protección de derechos pueden volverse menos eficaces. Tal como sostuvo Madison en una carta a Jefferson: "La experiencia prueba la ineptitud de una carta de derechos en las ocasiones en que su vigencia se necesita con mayor fuerza. En todos los estados, unas mayorías desbordadas [el temor recurrente del virginiano] han cometido muchas violaciones a estas barreras de pergamino [*parchment barriers*]".[20] De un modo más colorido, el delegado de Connecticut Roger Sherman

---

[20] Carta a Jefferson, citada en Levinson (2012a). Madison había utilizado la frase "barreras de pergamino" en #48.

afirmó: "Ninguna carta de derechos jamás limitó al poder supremo por un tiempo más extenso que el de la luna de miel de una pareja recién casada, a menos que los gobernantes estuvieran interesados en preservar los derechos".[21] Estas declaraciones tal vez sean exageradas, pues unas cortes adecuadamente diseñadas y equipadas podrían hacen valer los derechos frente al poder, pero subrayan el punto significativo de que la primera barrera, y quizá la más importante, debería provenir del propio proceso político.[22] Como dije, la división de poderes frecuentemente falla en la práctica, y las consecuencias de estas fallas son la mejor muestra de su importancia.

4.5. Una Constitución no ideal. La última cuestión que quisiera rescatar de la obra de Madison y compañía (Constitución y EF) es tal vez la más importante, y consiste en su naturaleza no ideal. Pienso en dos temas distintos, aunque relacionados.

En primer lugar, hay un sentido tradicional en que EF puede verse como defendiendo una perspectiva de tipo no ideal. Los autores de EF fueron explícitos en el reconocimiento del carácter imperfecto del producto final salido del horno de Filadelfia. Hamilton fue el encargado de cerrar la discusión en los últimos dos ensayos. En el último, #85, que junto con #78 son los mejores textos escritos por el neoyorquino, afirma: "Los pactos que abracen trece estados distintos en un lazo común de amistad y unión deben por necesidad representar el compromiso de intereses e inclinaciones fuertemente divergentes. ¿Cómo puede, por consiguiente, esperarse que surja la perfección de esos materiales?" Debido justamente a la imperfección y pensando en que pudieran surgir nuevos desarrollos que exigieran retocar el texto, los redactores dejaron abierta la puerta de la reforma. Aunque, tal como aseguró Madison en #49, esto no era equivalente a sostener que esa reforma pudiera ser efectuada de forma sencilla o frecuente.

En su texto, Hamilton nos recuerda que los procesos constituyentes, y en particular los que terminan en la creación de una nueva estructura de gobierno, están plagados de tensiones e intereses

---

[21] *Idem.*

[22] Una obra reciente, basada en la historia del constitucionalismo latinoamericano, que sostiene la necesidad de atender a la forma de gobierno y no sólo a la lista de derechos como un modo efectivo de proteger a éstos es Gargarella (2014).

contrapuestos y exigen negociar, a veces arduamente, para alcanzar un terreno común (Elster, 2012). Más allá de que la posición particular de Hamilton en Filadelfia ganara más de lo que perdiera, y que esto lo motivara a defender con ahínco la Constitución, lo que sostiene es una verdad general. No hay nada inherentemente problemático en la negociación, lo que no implica afirmar que *todo* es negociable (*idem*): si todos tuviéramos los mismos intereses quizá no necesitaríamos una Constitución. Si el óptimo es inalcanzable y las alternativas son claramente inferiores, un resultado subóptimo como resultado de la negociación puede ser todo a lo que podemos aspirar, al menos hasta que surja una nueva oportunidad de negociar (Hardin, 1989). Por cierto, esto lleva a Elster a sugerir que los abogados no deberían tener un rol prominente en las discusiones. Un posible precio de acercar posiciones es aceptar la formulación imperfecta de una cláusula, y el "preciosismo" técnico de los abogados podría ser un escollo para tales compromisos (*idem*).

Hay un segundo sentido, acaso más interesante, según el cual la Constitución y las reflexiones de EF pueden analizarse desde una perspectiva no ideal. Pienso aquí en la conocida distinción introducida por Rawls entre formular una teoría suponiendo condiciones de aplicación perfectas y cumplimiento total (una teoría ideal) o sin suponerlo (Rawls, 1971: 8-9). El texto de Filadelfia llevaba implícita una interpretación concreta, no idealizada, de las motivaciones y acciones de individuos y grupos, que EF hace explícita. Esta última obra introduce intuiciones agudas, aunque exageradas en algunas de sus aristas, sobre psicología individual y social. Me centraré en Madison, pues es quien más claramente expusiera su pensamiento sobre el tema.

En ensayos como #10, #49 y #51, el virginiano expresó una mirada relativamente escéptica acerca de las capacidades políticas de los individuos, y en particular de los grupos. Como vimos, en #10 el virginiano alertó sobre los riesgos de que una facción mayoritaria violara los derechos del resto, principalmente el de propiedad. Y, en un anticipo de la idea contemporánea de las cascadas deliberativas y la polarización de grupos, Madison sostuvo, en #49, que incluso personas racionales podían radicalizar su posición como resultado de la interacción con otras que pensaran igual que ellas (acerca del tema, véase, entre otros, Sunstein, 2000; 2005; 2009).

Madison consideraba que la virtud pública y la deliberación desinteresada podían prevalecer en una república, pero sólo bajo un gobierno representativo bien estructurado, y no cuando la ciudadanía actuara de manera directa (Sunstein, 1988). Ahora bien, el temor de Madison no implicaba un convencimiento de que los individuos y los grupos siempre actuaran de manera autointeresada o sucumbieran a las pasiones (en este sentido, Hamilton era tal vez más escéptico que Madison). Más bien suponía que, frente a los riesgos existentes, debía recogerse el guante, anticipándolos. Si bien los peligros derivados de la participación popular identificados por Madison eran exagerados, esto no debería desdibujar el acierto de tomar en cuenta la aplicación concreta de la Constitución hacia el futuro y la racionalidad y motivación de los agentes que habrían de implementarla.

El final del fantástico #55 ilustra bien la combinación de escepticismo y optimismo. Según Madison, los antifederalistas, al denunciar ásperamente la posibilidad de corrupción del nuevo gobierno al mismo tiempo que defendían de manera irrestricta las virtudes del gobierno local, no eran conscientes del daño que infligían a su propia causa. El virginiano aseguraba: "Así como existe cierto grado de depravación en la humanidad, lo que exige circunspección y desconfianza, también hay otras cualidades humanas que justifican un nivel de estima y confianza". El gobierno republicano que se estaba creando presuponía la existencia de aquellas cualidades "en un nivel mayor que cualquier otro tipo de gobierno". Sin embargo, finalizaba Madison, si la imagen de la naturaleza humana pintada por los antifederalistas era correcta, ello sugeriría que "no existe entre los hombres virtud suficiente para el autogobierno, y que sólo las cadenas del despotismo podrían evitar que los seres humanos se destruyeran y devoraran entre sí". Desde luego, los antifederalistas podían insistir en que su temor era que los *representantes* del pueblo, y no el pueblo mismo, abusaran de su poder, y que Madison depositaba una fe excesiva en aquellos. La respuesta de Madison es ya conocida, aunque probablemente insuficiente: el sistema de frenos y contrapesos se encargaría de minimizar tal posibilidad.

Pero es en el célebre #51 que Madison mostró más claramente su preocupación por las motivaciones individuales y grupales. Al hablar de frenos y contrapesos, Madison presentó los engranajes internos del mecanismo, las suposiciones detrás del mismo. Sostuvo que una de las claves era lograr que los funcionarios que ocuparan cada cargo estuvieran *personalmente* interesados en defender las prerrogativas de la función (preocupados por no ver disminuido su salario, celosos por conservar o aumentar su poder, etc.) frente a los embates de otros órganos. Así, permitiendo que la ambición enfrentara a la ambición, se lograría una alineación de intereses públicos y privados, lo que garantizaría el equilibrio entre los poderes (y, con ello, que la Constitución se autoimpusiera). A pesar de que Madison no explicó cómo se lograría específicamente esta alineación (Levinson 2010), sus sugerencias conservan actualidad y relevancia.

Madison concluía:

Si los hombres fueran ángeles, ningún gobierno sería necesario. Si los ángeles fueran a gobernar a los hombres, no sería necesario establecer controles externos o internos al gobierno. Al diseñar un gobierno a ser administrado por hombres sobre hombres, la gran dificultad radica en esto: primero se debe permitir que el gobierno controle a los gobernados, y luego se debe obligar al gobierno a controlarse a sí mismo. Sin duda, la dependencia respecto del pueblo es el control principal del gobierno, pero la experiencia ha enseñado a la humanidad la necesidad de adoptar precauciones auxiliares.

Tal vez, más allá del contenido concreto de las cláusulas adoptadas en Filadelfia, sea esa la enseñanza principal de EF: la necesidad, al crear instituciones, de prestar especial atención a las condiciones reales de aplicación. Es decir, el prestar atención a las creencias y motivaciones de los funcionarios; a la sociedad real que acogerá, o no, el nuevo texto constitucional; y a las circunstancias que esa sociedad pueda atravesar. Esto podría calificarse como una obviedad si es que no fuera ignorado con tanta frecuencia.

5. Conclusión

Pese a sus defectos y anacronismos, EF sigue siendo un texto vital para el pensamiento constitucional y para reflexionar acerca del diseño institucional. Nos interpela porque ilustra los problemas, limitaciones y promesas de experiencias de ingeniería como las que Madison y sus compañeros emprendieran, y que muchos países siguen exigiendo. Es inusual porque muy raramente un texto constitucional es respaldado por una obra tan meticulosa en la que se plasma el plan elaborado. Y, haciendo un balance, la dupla Constitución-EF ha tolerado razonablemente bien el paso del tiempo. De hecho, algunos de sus anacronismos son prueba de su éxito. Pese a la naturaleza fuertemente modificada de la Constitución y a la pérdida de sentido de varios de los argumentos que la acompañaron, ella sigue estando vigente, sigue siendo bastante reconocible como la carta elaborada en 1787, y sigue guiando –para bien o para mal– los destinos del país. En última instancia, si EF logra interesarnos es porque sus credenciales son bastante envidiables. Tiene detrás el éxito de la Constitución que lo inspiró.

6. Bibliografía

Libros y artículos

Ackerman, Bruce (2007, nueva edición). *The Failure of the Founding Fathers: Jefferson, Marshall, and the Rise of Presidential Democracy*. Harvard University Press.

Bear, Charles A. (1913). *An Economic Interpretation of the Constitution of the United States*. Macmillan.

Borowiak, Craig (2007). "Accountability Debates: The Federalists, the Anti-Federalists, and Democratic Deficits". *Journal of Politics*, vol. 69, núm. 4, pp. 998-1014.

Brookhiser, Richard (1999). *Alexander Hamilton, American*. Touchstone.

Chernow, Ron (2010). *Washington: A Life*. Penguin.

Chinard, Gilbert (2011). *Thomas Jefferson: The Apostle of Americanism*, The Floating Press.

Coatsworth, John H. (2008). "Inequality, Institutions and Economic Growth in Latin America". *Journal of Latin American Studies*, vol. 40, issue 30.

Cornell, Saul (1990). "Aristocracy Assailed: The Ideology of Back-country Anti-federalism". *The Journal of American History*, 76, núm. 4, pp. 1148-1172.

Duncan, Christopher (1994). "Men of a Different Faith: The Anti-Federalist Ideal in Early American Political Thought". *Polity*, vol. 26, núm. 3, pp. 387-415.

Elkin, Stephen L. (2006). *Reconstructing the Commercial Republic: Constitutional Design after Madison.* University of Chicago Press.

Elkins, Zachary, Ginsburg, Tom, y Melton, James (2009). *The Endurance of National Constitutions.* Cambridge University Press.

Elster, Jon (2012). "Clearing and Strengthening the Channels of Constitution-Making", en Tom Ginsburg, *Comparative Constitutional Design.* Cambridge University Press.

Ferejohn, John, Rakove, Jack N., y Riley, Jonathan (ed.) (2001). *Constitutional Culture and Democratic Rule.* Nueva York: Cambridge University Press.

Gargarella, Roberto (1995). *Nos los representantes: crítica a los fundamentos del sistema representativo.* Miño y Dávila editores.

_________ (2014). *La sala de máquinas de la Constitución.* Katz Editores.

González Bertomeu, Juan F. (2012). "¿La Constitución de Sísifo? Levinson y el cambio institucional", en Sanford Levinson, *Nuestra Constitución antidemocrática. En qué se equivoca la Constitución (y cómo puede corregirla el pueblo).* Madrid: Marcial Pons.

_________ (2014). "Gobierno unificado, gobierno dividido. Una teoría del control judicial y la división de poderes", en Julio C. Rivera (h), Sebastián José Elías y Lucas Grosman (eds.), *Tratado de los derechos constitucionales.* Buenos Aires: Abeledo Perrot.

_________ y Saffon, Maria Paula (2013). "Raza, sexo, clase, empresas, empresas, empresas. Reflexiones en torno a la problemática mirada de la Corte Suprema Estadounidense sobre la igualdad". *Revista Sin Permiso*, 15 de septiembre de 2013.

Hardin, Russell (1989). "What is a Constitution", en Bernard Grofman y Donald Wittman (eds.), *The Federalist Papers and the New Institutionalism*, capítulo 7.

Holmes, Stephen (1988). "Gag Rules and the Politics of Omission", en Jon Elster y Rune Slagstad, *Constitutionalism and Democracy.* Cambridge University Press, capítulo 1.

Johnson, Joel (2004). "Disposed to Seek Their True Interests: Representation and Responsibility in Anti-federalist Thought". *The Review of Politics*, vol. 66, núm. 4, pp. 640-673.

Kane, Paul (2013), "Reid, Democrats Trigger Nuclear Option". *Washington Post*, 21 de noviembre.

Ketcham, Ralph (ed.) (2003). *The Anti-Federalist Papers and the Constitutional Convention Debates.* Signet Classic.

Kramnick, Isaac (1987). "Editor's Introduction", en James Madison, Alexander Hamilton y John Jay, *The Federalist Papers.* Penguin Books.

Kaminsky, John P. (ed.) (1995). *A Necessary Evil? Slavery and the Debate Over the Constitution.* Rowman & Littlefield.

Levinson, Daryl J. y Richard H. Pildes (2006). "Separation of Parties, Not Powers". *Harvard Law Review*, vol. 119, núm. 8.

Levinson, Daryl J. (2011). "Parchment and Politics: The Positive Puzzle of Constitutional Commitment". *Harvard Law Review*, vol. 124, núm. 3 (January 2011), pp. 657-746.

__________ (2012a). "Rights and Votes". *Yale Law Journal*, vol. 121, issue 6.

Levinson, Sanford (2012b). *Nuestra Constitución antidemocrática. En qué se equivoca la Constitución (y cómo puede corregirla el pueblo).* Madrid: Marcial Pons.

Levy, Jacob T. (2006). "Beyond Publius: Montesquieu, Liberal Republicanism, and the Small-Republic Thesis". *History of Political Thought.*

McDonald, Forrest (1991). *We the People: The Economist of the Constitution.* Transaction Publishers.

Mittal, Sonia y Weingast, Barry (2010). "Self-Enforcing Constitutions: With an Application to Democratic Stability in America's First Century". Disponible en <http://papers.ssrn.com/sol3/papers.cfm?abstract_id=1643199>.

Montesquieu, Charles de Secondat (1989). *The Spirit of the Laws.* Cambridge University Press.

________ (1999). *Considerations on the Causes of the Greatness of the Romans and their Decline*. Hackett.

Nash, Gary B. (1990). *Race and Revolution*. Rowman & Littlefield.

Przeworski, Adam (2008). "The Poor and the Viability of Democracy", en Anirudh Krishna (ed.), *Poverty, Participation and Democracy*. Cambridge University Press.

________ (2011a). "La mecánica de la inestabilidad política en Latinoamérica". *Revista Jurídica de la Universidad de Palermo*, año 12, núm. 1.

________ (2011b). "Capitalismo, democracia y ciencia". *Revista Jurídica de la Universidad de Palermo*, año 12, núm. 1.

Rossiter, Clinton (1964). *Alexander Hamilton and the Constitution*. Nueva York: Harcourt, Brace & World.

________ (1999). *The Federalist Papers; Alexander Hamilton, James Madison, John Jay*. New York New American Library (1961); Republished New York, Mentor.

Rawls, John (1971). *A Theory of Justice*. Harvard University Press.

Strauss, David A. (2001). "The Irrelevance of Constitutional Amendments". *University of Chicago Law School*, Chicago Unbound, Journal articles, Chicago.

Sunstein, Cass R. (1988). "Beyond the Republic Revival". *Yale Law Journal*, 97, 1539.

________ (2000). "Deliberative Trouble? Why Groups Go to Extremes", *110 Yale Law Journal*, 71.

________ (2001). *Designing Democracy: What Constitutions Do*. Nueva York: Oxford University Press.

________ (2005). "La ley de la polarización de grupos". *Revista Jurídica de la Universidad de Palermo*, año 6, núm. 1.

________ (2009). *Going to Extremes. How Like Minds Unite and Divide*. Oxford University Press.

Weingast, Barry (1997). "The Political Foundations of Democracy and the Rule of Law", *American Political Science Review* 91, junio de 1997, pp. 245-63.

________ (2004). "Constructing Self-Enforcing Democracy in Spain", en Joe Oppenheimer e Irwin Morris (eds.), *Politics from Anarchy to Democracy: Rational Choice in Political Science*. Stanford University Press.

Wilson, James (2007). *Collected Works of James Wilson*, vol. I. Edited by Kermit L. Hall and Mark David Hall. Indianapolis: Liberty Fund, Inc.

Wood, Gordon (1998). *The creation of the American Republic.* Virginia: The University of North Carolina Press.

__________ (2009). *Empire of Liberty: A History of The Early Republic, 1789-1815.* Nueva York: Oxford University Press.

Documentos en línea

"Letter from Thomas Jefferson to William Stephens Smith", Paris, 13 Nov. 1787. Disponible en <http://www.monticello.org/site/jefferson/tree-liberty-quotation>.

"Patrick Henry", Encyclopedia Virginia. Disponible en <http://encyclopediavirginia.org/Henry_Patrick_1736-1799>.

"The debate regarding amendments to the Constitution", Departament of History, University of Wisconsin-Madison, Center for the Study of the American Constitution. Disponible en <http://csac.history.wisc.edu/amendment_debate.htm>.

"The Virginia and Kentucky Resolutions (1798)", [en línea], Bill of Rights Institute. Disponible en <http://billofrightsinstitute.org/founding-documents/primary-source-documents/virginia-and-kentucky-resolutions/>.

Poder constituyente y democracia constitucional.
Una lectura crítica de *El Federalista*[*]

Gabriel L. Negretto

> *The basis of our political system is the right of the people to make and to alter their constitutions of government. But the Constitution which at any time exists, till changed by an explicit and authentic act of the whole people, is sacredly obligatory upon all.*
>
> GEORGE WASHINGTON
> *Farewell address*, 1796

El párrafo transcrito del discurso de despedida de George Washington encierra una paradoja. Si un principio fundamental del gobierno republicano es el derecho del pueblo de crear y cambiar la Constitución bajo la cual vive, este derecho se puede ejercer aun cuando la Constitución omita declararlo. Sin embargo, si la Constitución no regula este derecho, entonces su ejercicio es extraconstitucional y contrariamente a lo que afirma Washington, la

---

[*]Agradezco los comentarios de Juan Bertomeu, Carlos Bravo, Claudio López-Guerra, Andrea Pozas-Loyo y Rodolfo Vázquez a una versión anterior de este trabajo.

Constitución vigente no es vinculante para juzgar sobre la validez del procedimiento que lo materializa. Esta paradoja describe muy bien el problema que afecta a muchas democracias que, al igual que la americana, fundan la validez de su Constitución en el principio de soberanía popular al mismo tiempo que adoptan un sistema de reformas que excluye la participación de la ciudadanía y deja sin regular el procedimiento para crear una nueva Constitución. Dado que no resulta evidente bajo qué formas puede expresarse el pueblo en materia de cambios constitucionales y el principio de soberanía popular se asocia a decisiones potencialmente mayoritarias, este modelo deja abierta la posibilidad de reorganizar la estructura constitucional de manera tal que se concentre poder en una rama de gobierno y se vulneren derechos.

Este problema tiene origen en el tipo de gobierno constitucional que propusieron los escritos federalistas. La legitimidad de la Constitución de Filadelfia, sancionada irregularmente en relación con el sistema constitucional precedente, se fundó en la necesidad de resolver la crisis que este último experimentaba y en la ratificación de la nueva Constitución por el pueblo de los distintos estados reunidos en convenciones locales. Dado que la validez de la nueva Constitución descansaba en el consentimiento de los gobernados, hubiese sido lógico pensar que el cuerpo ciudadano obtendría alguna prerrogativa legal para actuar en protección de la Constitución, peticionar la alteración o el reemplazo de la misma, o consentir a estos cambios cuando fueran propuestos por los poderes constituidos. Sin embargo, el proyecto federalista buscó excluir la participación ciudadana en materia de cambios constitucionales y relegar el derecho colectivo del pueblo de alterar o reemplazar la Constitución a momentos revolucionarios que no deben ser regulados legalmente.

Esta falta de regulación, sin embargo, deja abierta la posibilidad de que los representantes logren redistribuir poder en su favor por medio de una apelación extraconstitucional al pueblo. Este peligro nunca se materializó plenamente en el constitucionalismo americano a nivel federal, pero se potencia en modelos de separación de poderes en donde el presidente es el principal representante de la voluntad unitaria del pueblo y las instituciones son débiles e inestables. Este escenario, que prima hoy en la mayoría de las democracias de América Latina, sugiere la necesidad de repensar el modelo de gobierno constitucional propuesto por los escritos federalistas en favor de un sistema que canalice institucionalmente la participación y el control popular sobre los procesos de revisión y reemplazo de la Constitución.

Este trabajo comienza con un análisis del concepto de poder constituyente defendido por los federalistas para justificar el actuar de la Convención de Filadelfia. Luego se contrasta este concepto con la exclusión de la ciudadanía en materia de alteraciones a la Constitución. La sección siguiente analiza los argumentos vertidos por distintos autores en relación con la posibilidad lógica y los precedentes históricos de formas extraconstitucionales de participación ciudadana directa en cambios constitucionales. Luego se discute la importancia de dar cauce institucional a esta participación a la luz de la experiencia latinoamericana reciente. Se culmina con una breve reflexión acerca de la relevancia de este tema para la teoría constitucional y el derecho constitucional comparado.

La teoría del poder constituyente en *El Federalista*

La teoría del poder constituyente democrático se funda en tres proposiciones lógicamente encadenadas: *1)* la legitimidad y la validez de una Constitución deriva de haber sido creada con la autorización o el consentimiento de los gobernados, *2)* dado que la Constitución es creada por medio de un acto de soberanía popular, los poderes constituidos carecen de autoridad para transgredir los límites impuestos por la Constitución, y *3)* los gobernados se reservan en forma permanente el derecho de alterar o sustituir la Constitución cuando lo consideren necesario para promover el bienestar general. Si bien esta teoría se suele asociar con la Revolución francesa y los escritos de Sieyès, lo cierto es que su formulación apareció durante la Revolución americana, primero de manera implícita en la Declaración de la Independencia, y luego de manera más precisa en varias de las nuevas constituciones que se crearon en los estados americanos después de 1776 (Palmer, 1970). La elaboración de la idea del pueblo como sujeto del poder constituyente fue parcial, intermitente, y fragmentada, pero puede verse de manera más o menos clara en los escritos de políticos e intelectuales como James Wilson, Thomas Paine y Thomas Jefferson.

Sin embargo, a pesar de que la Revolución americana dejó como legado indiscutible la idea de que el pueblo es el único sujeto legitimado para crear una Constitución republicana, no fue igual de claro el significado que esta idea tendría respecto de la participación de los gobernados en la modificación o reemplazo futuro de esa misma Constitución. La proposición de que los gobernados retienen el derecho de alterar o cambiar la Constitución, generó disputas en torno a dos puntos fundamentales. El primero fue si ese derecho requiere reconocimiento constitucional expreso o bien se halla implícito en los principios del gobierno republicano. El segundo, si ese derecho se ejerce sólo bajo condiciones revolucionarias, es decir, cuando el gobierno se torna opresivo y tiránico, o si es posible invocar el mismo para ser ejercido de manera pacífica en condiciones políticas normales. Las posiciones tomadas en torno a estos dos puntos generaron dos interpretaciones opuestas sobre los alcances de la idea del poder constituyente.

De acuerdo con una visión radical, el pueblo tiene un derecho inherente de cambiar su Constitución y, en un gobierno republicano, lo puede ejercer de manera legal aún en ausencia de regulación constitucional. No se requiere que existan las condiciones de opresión extrema que justifican a una revolución para ejercer este derecho. Para una visión más moderada o conservadora, después de la fundación de una república el pueblo sólo tiene aquellos derechos de participación que la Constitución le reconoce explícitamente. Por esta razón, la única circunstancia bajo la cual se podría alterar o reemplazar la Constitución en transgresión a la misma sería una revolución, que por definición es extralegal.[1] La visión radical del poder constituyente predominó durante la elaboración de las primeras constituciones posteriores a la independencia y sobrevivió por largo tiempo en la tradición constitucional de los estados. La visión conservadora, en cambio, se impuso a nivel federal luego de

---

[1] Sobre la existencia de dos visiones opuestas acerca del significado de la soberanía popular en la tradición constitucional americana, véase Fritz (1997).

la sanción de la Constitución de Filadelfia, sobre todo a través de la filosofía propagada por los escritos de *El Federalista* (EF desde ahora).[2]

El texto clave sobre este tema fue EF #40, en el que Madison defiende el proceder de la Convención de Filadelfia contra las acusaciones de ilegalidad en el ejercicio de su mandato. Como es sabido, la convención actuó irregularmente en tres aspectos: produjo una nueva Constitución en vez de una revisión a los artículos de la Confederación, estableció un procedimiento de ratificación en el cual era suficiente el consentimiento de 9 de los 13 estados, en vez de la unanimidad que requería el artículo XIII de la Constitución existente, y se sustituyeron las legislaturas estatales que preveía el mismo artículo por convenciones locales ratificadoras. En el mencionado EF #40 Madison utiliza varios argumentos para minimizar el carácter irregular del proceder de la convención, pero en última instancia concede que la misma no se apegó puntillosamente a las formalidades que exigía la Constitución precedente para su enmienda. Y es en este punto donde ofrece la principal justificación de la validez de la nueva Constitución.

Madison argumenta (EF: 264) que toda vez que grandes cambios son necesarios, una estricta adherencia a las formas no puede ser utilizada para desvirtuar "el precioso derecho" del pueblo de abolir o alterar sus gobiernos como mejor les convenga. Este derecho colectivo, emblemático de la Revolución americana y consagrado en la Declaración de Independencia de 1776, incluye lógicamente la prerrogativa de darse una nueva Constitución. Ahora bien, como el pueblo no tiene la capacidad espontánea de actuar unánimemente y en forma directa para crear un nuevo orden constitucional, es esencial que esos grandes cambios ocurran por medio de propuestas "informales y no autorizadas" que un grupo de ciudadanos le hace a la población en general en cumplimento de su deber patriótico. El hecho de que una propuesta de cambio constitucional pensada para promover el bienestar general haya carecido de autorización y asidero legal en el régimen constitucional precedente no encierra ningún riesgo, dado que la misma carece de validez hasta

---

[2] La edición que se utilizará para las citas de todos los escritos de *El Federalista* es la de Penguin, *The Federalist Papers* (1987).

que sea aprobada por el pueblo. Y esa aprobación, en caso de darse, remedia cualquier irregularidad precedente que haya existido en el procedimiento.

La idea de que la validez de la nueva Constitución descansaría en la aprobación directa del pueblo y no en haber seguido estrictamente los procedimientos para la enmienda de los artículos de la confederación fue un argumento clave de los federalistas en su lucha por lograr la ratificación del nuevo esquema de gobierno. En EF #43, por ejemplo, al justificar que la ratificación de las convenciones de 9 estados sería suficiente para establecer la Constitución, Madison argumenta que la regla de unanimidad hubiese sido arbitraria. Dado que sólo la autoridad expresa del pueblo puede dar debida validez a la Constitución, condicionar los intereses esenciales de todos al capricho o corrupción de un solo miembro, hubiese frustrado la manifestación de una voluntad común (EF: 285). También Hamilton insiste sobre este tema en EF #22, argumentando que la debilidad de los artículos de la Confederación derivó en gran medida en no haberse sancionado por medio de la ratificación directa del pueblo, que en ese caso hubiese sido base de su legitimidad (EF: 183).

En la práctica política, sin embargo, los federalistas cuidaron de no recaer exclusivamente en el consentimiento del pueblo para apartarse de los procedimientos establecidos. Como bien señalan Ackerman y Katyal (1995), la estrategia de los federalistas consistió en moverse en un limbo entre apelar a la ruptura revolucionaria y obtener el apoyo de las instituciones existentes, en particular el Congreso, para crear nuevas reglas más acordes a sus propósitos. Esto puede verificarse en el hecho de que la propia convención fue convocada originalmente por el Congreso Continental y que este mismo fue el conducto por el cual se envió el proyecto federalista a ratificación a los estados y se declararon cumplidos los requisitos de ratificación. También en relación con este punto es preciso entender los procedimientos que utilizaron los federalistas para que el pueblo mismo diera su consentimiento a la nueva Constitución.

El carácter organizado que se dio al ejercicio del poder constituyente marca una diferencia importante entre el legado de la Revolución americana y la francesa. Mientras que para Sieyès la nación se hallaba siempre en estado de naturaleza, para los federalistas el pueblo era una entidad preconstituida en la organización institucional de las colonias (Arendt, 1963: 165). De manera consistente con esta idea, Madison propone en EF #39 que a los efectos del proceso de ratificación de la nueva Constitución, el pueblo no sería considerado como individuos aislados miembros de una nación, sino como parte de los distintos estados independientes a los que pertenecían (EF: 256-257). Por otra parte, los miembros de cada estado no votarían directamente por la Constitución en un referendo para aprobar o rechazar el proyecto, sino por medio de delegados electos para integrar una convención especialmente formada al efecto. Si bien muchas de estas convenciones tomarían decisiones por regla de mayoría, el solo hecho de reunirse en cada estado y que nueve de ellas deberían aprobar el proyecto, aseguraba canalizar la participación popular por medio de una organización descentralizada que daría un grado de inclusión y deliberación importante al proceso.

Se podría pensar que sustituir las legislaturas estatales por convenciones especialmente electas fue una mera decisión estratégica de los federalistas para minimizar el previsible rechazo de los órganos constituidos locales, que perderían posiciones en el nuevo arreglo. Sin embargo, el uso del mecanismo de la convención para crear un nuevo orden constitucional era parte integral de una visión del poder constituyente que ya tenía carta de legitimidad en algunos estados y gozaba de aceptación en la doctrina constitucional de la época. Aunque la gran mayoría de las primeras constituciones fueron sancionadas por legislaturas ordinarias (o en algún caso por una asamblea irregular que ejercía funciones legislativas), esto fue fruto de una necesidad práctica del proceso revolucionario, no un indicador de que se considerara apropiado que la legislatura se arrogara funciones constituyentes.

De 21 constituciones sancionadas entre 1776 y 1783, 18 lo hicieron por parte del cuerpo legislativo y tres por medio de una convención especial (New Hampshire en 1778 y en 1781-1783 y Massachusetts en 1780). Sin embargo, la mayoría de las legislaturas (10 de los 18 casos) no se consideraron con poderes propios para ejercer el poder constituyente, pues solicitaron autorización previa a la ciudadanía, sometieron la nueva Constitución a aprobación popular, o ambas cosas (Hoar, 1917: 4-7).[3] Por otra parte, como señala Wood (1969: 306-343), con el tiempo fue consolidándose la idea de que así como la Constitución era superior a una ley ordinaria, su enmienda o reemplazo sólo podía ser decidido por un órgano distinto y separado de legislatura y elegido por los votantes para ese sólo propósito: la convención constitucional. Hacia 1787 esto era ya una teoría establecida.[4]

En otras palabras, los federalistas podían argumentar que el proceso de ratificación brindaría el consentimiento directo del pueblo y no de los poderes constituidos porque se haría por medio de convenciones especiales electas por los votantes. Sin embargo, la elección de los delegados a esas convenciones debía hacerse por medio de una convocatoria realizada por las autoridades constituidas y en la que participarían todos aquellos habilitados por la ley para votar. Todos estos recaudos hacían del mecanismo de convenciones un instrumento extraconstitucional (pues no estaba previsto en el orden constitucional precedente), pero tampoco abiertamente contrario a la práctica y a la doctrina constitucional establecida desde la independencia.[5] Por otra parte, aunque el proceso de aprobación de la nueva Constitución tenía elementos disruptivos, tampoco fue impuesto de manera violenta, pues permitió alterar o cambiar la Constitución sin necesidad de recurrir a una revolución. Tomando en cuenta estos antecedentes, hubiese sido posible y quizás esperable que la nueva Constitución diese canal institucional al ejercicio del poder constituyente en el futuro. Sin embargo, y a diferencia algunas constituciones estatales, la Constitución federal consagró la idea de que el poder constituyente del pueblo debía permanecer como un poder fáctico.

---

[3] Véase también Fritz (1997: 326), quien señala que la mayoría de las legislaturas estatales que crearon constituciones entre 1776 y 1780 lo hicieron después de elecciones en la que los votantes dieron autorización a las tareas constituyentes que se les encargarían.

[4] Véase también Jefferson, "Notes on the State of Virginia" (p. 250), y EF #22: 183-184.

[5] De esta ambigüedad surge la disputa entre quienes piensan (como Amar) que el proceso fue legal porque apelaba a un derecho (el de crear o alterar la Constitución) que era parte de los principios implícitos del constitucionalismo revolucionario, y quienes argumentan que el proceso fue ilegal aunque no implicó una ruptura radical con la tradición constitucional precedente (como Ackerman).

Del poder constituyente del pueblo al poder revisor de los órganos constituidos

El artículo V de la Constitución propuesta por los federalistas permitió alteraciones a la Constitución por medio de dos mecanismos alternativos: enmiendas propuestas por dos terceras partes de cada una de las cámaras del Congreso federal, o bien enmiendas propuestas por una convención convocada por las legislaturas de las dos terceras partes de los estados. En ambos casos, las enmiendas deben ser ratificadas ya sea por las legislaturas o convenciones electas en tres cuartas partes de los estados, según lo proponga el Congreso federal. Este artículo menciona sólo enmiendas a la Constitución, sin hacer referencia al posible reemplazo de la misma. Por otro lado, si bien se considera la posibilidad de reunir una convención federal, su convocatoria queda en manos de las legislaturas locales y el modo de ratificación queda a opción del Congreso federal.

Como señala Vile (1991), en tanto en la Convención de Filadelfia el principal debate se centró en si los estados o la legislatura federal deberían ser los órganos encargados de proponer enmiendas, durante el proceso de ratificación la disputa fue en torno al grado de dificultad que entrañaba el proceso de enmienda. Frente a la crítica de que el procedimiento haría muy difícil corregir defectos de la nueva Constitución (como la ausencia de una carta de derechos), los federalistas argumentaban, con razón, que el artículo V establecía un equilibrio entre la rigidez que representaba el proceso de enmienda bajo la vieja Constitución y un procedimiento completamente flexible, como pudiera ser el caso de que el Congreso aprobara enmiendas por medio de una mayoría simple. Sin embargo, y a pesar de las críticas que algunos antifederalistas formularon en esa dirección, no tuvo un lugar prominente en el debate público el hecho de que la nueva Constitución colocaba el poder de revisión

constitucional exclusivamente en manos de los poderes constituidos.[6]

Podría pensarse que la razón por la cual ni el artículo V ni ninguna otra disposición menciona explícitamente la posibilidad de in-
volucrar a la ciudadanía en la alteración o reemplazo de la Constitución es que se daba por sentado que esta participación sería
requerida, si no de manera formal, sí informalmente por parte de
los poderes constituidos en momentos de cambio constitucional.[7]
Sin embargo, la lectura de los escritos federalistas en su conjunto deja entrever que la razón profunda de regular sólo un proceso de enmienda por parte de los poderes constituidos federales o
locales era parte de un proyecto de gobierno en donde luego del
momento constituyente inicial era preciso relegar al pueblo de manera permanente a un papel marginal en materia de cambios constitucionales.

Thomas Jefferson fue uno de los primeros en proponer que toda
vez que la Constitución debe ser revisada, es necesario encargar
esa tarea a un órgano distinto de la legislatura ordinaria y dotado de
un mandato expreso para alterar la Constitución. En este sentido,
Jefferson propuso en su proyecto de Constitución para el estado de
Virginia, de 1776, que

> ...ninguna de estas leyes fundamentales y principios de gobierno serán re-
> chazados o alterados sino por el consentimiento del pueblo convocado por
> un acto de la Legislatura a reunirse en sus respectivos condados en el mis-
> mo día; y si en esas asambleas de condado la población de dos terceras par-
> tes de los condados vota por alterar o rechazar una disposición referida por
> el mismo acto, dicha la alteración o rechazo pasa formar parte de la Cons-
> titución.[8]

En un proyecto posterior de Constitución para Virginia, de 1783,
Jefferson introduce un cambio en el mecanismo, disponiendo que

---

[6] En tanto que algunos antifederalistas denunciaron que el artículo V tenía un carácter
eminentemente elitista, otros argumentaron, a la Jefferson, que era necesario programar
revisiones periódicas de la Constitución. Véase Vile (1991: 49-50).

[7] Esta pareciera ser, por ejemplo, la interpretación que propone Bruce Ackerman acerca
de la lógica de las transformaciones constitucionales establecidas por la Constitución
americana.

[8] Véase Draft Constitution for Virgina (1776), en Jefferson (1984: 345).

"cuando dos de las tres ramas de gobierno concurran, por dos terceras partes de sus miembros, que una Convención es necesaria para alterar esta Constitución o corregir transgresiones, estarán autorizadas para llamar a la elección de delegados en cada condado".[9]

En ambas propuestas, Jefferson combinaba la activación del poder revisor del pueblo por medio de una convocatoria autorizada por la legislatura, con una decisión directa de los ciudadanos reunidos en asambleas o convenciones en cada condado del estado. La diferencia es que en la segunda propuesta la convocatoria se hace por dos de las tres ramas de gobierno y que la convención puede ser llamada tanto para introducir cambios a la Constitución como para decidir sobre transgresiones a la misma, presumiblemente cuando una de las ramas de gobierno invada la esfera de poder de alguna de las otras.

Con posterioridad a estos proyectos, Jefferson elaboró lo que fue su idea más conocida acerca del poder de revisión constitucional que retiene el pueblo: que una Constitución no debiera durar más tiempo que el que dura la generación que la creó. En una carta dirigida a Madison en septiembre de 1789, Jefferson argumenta que así como la tierra pertenece en usufructo sólo a los seres vivientes, la Constitución creada por una generación no debiera obligar a la siguiente. Por esta razón, Jefferson concluye que (de acuerdo con las tablas de mortalidad de la época), "toda Constitución, entonces, y toda ley, expira naturalmente al cabo de 19 años. Si se implementa por más tiempo, es un acto de fuerza, no de derecho".[10] Varios años después, en 1816, Jefferson propone una variación de la misma idea, argumentando en una carta a Samuel Kerchneval acerca de la reforma de la Constitución de Virginia, que es preciso que la Constitución contenga previsiones para su revisión programada cada 19 años.[11]

En tanto que suponen la necesidad de convocar a una convención o convenciones electas por los ciudadanos, los mecanismos de revisión propuestos por Jefferson para la Constitución de Vir-

---

[9] Véase Draft of a Constitution for Virgina (1783) en <http://founders.archives.gov/documents/Jefferson/01-06-02-0255-0004>.

[10] Véase, Carta a Madison, 6 de septiembre de 1789, en Jefferson (1984: 963).

[11] Véase Carta a Samuel Kerchneval, en Jefferson (1984: 1402).

ginia en 1776 y 1783 no implicaban una idea enteramente original. Como lo he señalado, la convocatoria a una convención popular para revisar la Constitución se terminó convirtiendo en un principio ampliamente compartido por el constitucionalismo americano luego de la independencia. Ese principio tuvo una aceptación restringida en la Constitución federal, pues el llamado a una convención se incorporó como mecanismo excepcional en el que no queda claro el papel que tendría la participación ciudadana. En las constituciones estatales, en cambio, mecanismo de reforma por convención tuvo una amplia aceptación. Con el tiempo, la mayoría de las constituciones estatales incluyeron una cláusula explícita para que la legislatura pudiera convocar a una convención, en muchos casos por mayoría simple. Más aún, en la mayor parte de los casos, las constituciones estatales establecieron que el llamado a convención debe ser aprobado por los votantes y que las propuestas de reforma de la convención deben ser también ratificadas por los ciudadanos (Dinan, 2009: 31).

La idea de que la vigencia de la Constitución estuviese sujeta a un plazo fijo de expiración fue una idea más innovadora que no fue adoptada como tal ni por la Constitución federal ni por las constituciones estatales. Sin embargo, varias constituciones locales incorporaron un mecanismo de revisión claramente jeffersoniano en espíritu: consultar a la ciudadanía cada cierto número de años si están de acuerdo con mantener la vigencia de la Constitución o si prefieren elegir una convención para decidir cambios a la misma o eventualmente su reemplazo. Tres estados (Kentucky, Massachusetts y New Hampshire) tenían estas disposiciones a fines del siglo XVIII y hoy son catorce las constituciones estatales que prevén este tipo de referendos (Dinan, 2009: 45-46). También afín a las ideas de Jefferson fue la incorporación en varias constituciones (particularmente entre 1890 y 1920) del derecho ciudadano de proponer enmiendas constitucionales para ser votadas popularmente o bien proponer que se convoque a una convención constitucional. Tanto este derecho de iniciativa como la consulta popular por periodos fijos a la ciudadanía permiten la aprobación de cambios constitucionales aun cuando éstos no fueran queridos por los legisladores.

La razón por la cual las ideas de Jefferson nunca tuvieron cabida en la Constitución federal es porque la filosofía que se incorporó a esta última fue adversa a que el poder de revisión constitucional permaneciera en manos del pueblo. Madison expone con claridad esta filosofía en EF #49, en ocasión de discutir la propuesta de Jefferson de que dos de las tres ramas de gobierno tengan capacidad de convocar a una convención electa por el pueblo para alterar la Constitución o corregir transgresiones a la misma.[12] Si bien este escrito trata exclusivamente el uso de convenciones para corregir transgresiones a la Constitución, es claro que revela un rechazo general a la idea de regular la intervención organizada de la ciudadanía para evaluar la validez, vigencia, y necesidad de adaptación de la Constitución.

Al comentar la propuesta de Jefferson, Madison admite que

> ...si el pueblo es la única fuente legítima de poder, y es del mismo de donde se deriva la Constitución, bajo la cual las distintas ramas de gobierno ejercen el poder, pareciera ser estrictamente consistente con la teoría republicana recurrir a la misma fuente original de autoridad, no sólo cuando sea necesario agrandar, disminuir o crear nuevos poderes de gobierno, sino también cuando cualquiera de los poderes invada la esfera de autoridad de los otros (EF: 313).

Más aún, Madison reconoce que este razonamiento tiene gran fuerza y prueba "la necesidad de trazar y de mantener abierto un camino para que la decisión del pueblo se exprese en ciertas grandes y extraordinarias ocasiones" (*idem*). Sin embargo, rechaza por razones prácticas que se pueda recurrir al pueblo por medio de un mecanismo regulado para mantener la vigencia de la Constitución.

Las principales razones de este rechazo son tres.[13] La primera es que "como toda apelación al pueblo llevaría implícita la existencia en el gobierno de algún defecto, la frecuencia de estos llamados privaría al gobierno, en gran parte, de esa veneración que el tiempo presta a todas las cosas y sin la cual ni los gobiernos más sabios y libres poseerían nunca la estabilidad necesaria". La segun-

---

[12] Propuesta que Madison atribuye erróneamente a las "Notas sobre el estado de Virginia" que escribió Jefferson, pero que está contenida, como vimos, en su proyecto de Constitución para Virginia de 1783.

[13] Madison también critica el mecanismo específico de que dos poderes llamen a la convención, pues considera que permite la coalición de dos contra uno. Sin embargo, admite que éste es un tema puramente procedimental.

da es que resulta peligroso agitar las pasiones públicas refiriendo al pueblo en forma frecuente cuestiones constitucionales. A juicio de Madison, el éxito que tuvieron los americanos en estos experimentos hasta el momento se debió a condiciones excepcionales que podrían no repetirse en el futuro, tales como la situación de peligro que reprimió el espíritu de discordia e incrementó la confianza del pueblo en sus líderes, lo que hizo que se suprimiera temporalmente la natural diversidad de opiniones en torno a grandes cuestiones nacionales (EF: 314). Es de notar que éstas son objeciones a la apelación frecuente al pueblo, no sólo para decidir en caso de conflictos entre ramas de gobierno (el tema específico del ensayo) sino también para decidir de forma general sobre cualquier materia constitucional.

La última objeción sí es específica respecto de convocar al pueblo en convención para decidir sobre conflictos entre ramas de poder y consiste en que la convención probablemente tomaría partido por la legislatura, que es la que a juicio de Madison se halla más cerca del pueblo. Esto haría que el llamado a convenciones para decidir sobre transgresiones a la Constitución terminara alterando el equilibrio de poderes. Madison admite que pueda existir un presidente con amplio apoyo popular, pero no considera que esto represente el peligro de que la convención se convierta en un instrumento del ejecutivo para concentrar poder en sus manos (EF #49: 315).

Consistente con la idea de que no es conveniente establecer canales institucionales por medio de los cuales se pueda activar con frecuencia el poder constituyente, Madison rechaza la idea de Jefferson de que una Constitución no debiera ser válida más allá de una generación. En su respuesta a la carta de Jefferson sobre el tema, Madison argumenta que aunque la propuesta sea válida en teoría, en la práctica se enfrenta a fuertes objeciones. Y la principal objeción es que una Constitución que se revise en forma frecuente sería demasiado mutable para retener aquellos prejuicios en su favor que inspira la antigüedad (Madison, 1999: 474). En contra de la idea de que el consentimiento expreso de cada generación es preciso para mantener la validez de una Constitución, Madison argumenta que sólo la doctrina del consentimiento tácito, inferido de la falta de disenso, es lo que permite la durabilidad de una Constitución.[14]

En suma, luego del acto fundacional que le dio validez a la Constitución, el modelo de gobierno constitucional propuesto por los escritos federalistas busca hacer innecesario acudir al pueblo frecuentemente para decidir sobre la vigencia e interpretación de la Constitución. Esta tarea debe quedar en manos de los representantes reunidos en el Congreso por medio de la utilización del artículo V y eventualmente de los miembros del Poder Judicial, a través del proceso de revisión constitucional. El derecho del pueblo de alterar o abolir la Constitución se siguió considerando un principio central del constitucionalismo americano. Más aún, el mismo James Madison propuso incluir como primer enmienda de la Constitución una cláusula diciendo que todo poder deriva del pueblo y que "el pueblo tiene el derecho indudable, inalienable e irrevocable de reformar o cambiar su gobierno, cuando éste sea contrario o inadecuado para los propósitos que se instituyó" (véase Fritz, 1997: 317-318, nota 107). Pero la clave para interpretar este "derecho" se encuentra en que sólo podría ejercerse, de hecho y como última instancia, contra un gobierno opresivo; no como un recurso regular y legal en el contexto de un gobierno republicano.[15]

Esta visión acerca de la participación popular en materia de cambios constitucionales fue perfectamente consistente con la idea de república que promovieron los federalistas. En EF #39 (p. 255) Madison define a la república como "un gobierno que deriva todos sus poderes directa o indirectamente del cuerpo ciudadano, y es administrado por personas que ejercen sus funciones por un tiempo limitado, o mientras dure su buena conducta". En esta definición, la república se asocia a la idea de representación

---

[14] Madison (1999: 476). Un giro interesante en la argumentación que propone Madison es que si no se adoptara la doctrina del consentimiento tácito y se requiriese el consentimiento expreso de cada generación, no se tendría que aplicar la regla de la mayoría sino la de unanimidad, lo cual paralizaría la sociedad.

[15] En verdad, en un gobierno republicano nunca se agotarían los medios para buscar el cambio constitucional por las vías legales establecidas. Por ejemplo, si bajo las reglas del artículo V, el Congreso federal o las legislaturas estatales en un determinado momento rechazaran una reforma que reclama una mayoría ciudadana, siempre existiría la oportunidad en las próximas elecciones de votar por legisladores favorables al cambio.

en tanto que la participación ciudadana directa se limita a validar el mandato de los representantes por medio de elecciones periódicas. Estas elecciones juegan un papel importante para Madison, pues como afirma en EF #10 (p. 125), la elección regular de representantes por medio del principio de la mayoría evita que las minorías dominen a las mayorías.

Sin embargo, la principal preocupación de Madison no es impedir que la república degenere en una oligarquía (que a su juicio no ocurriría por el principio electivo), sino que la república no termine siendo dominada por una facción mayoritaria. Dado que es imposible impedir que surjan pasiones facciosas, Madison consideraba que el objetivo de la Constitución era evitar su manifestación. Para esto se requerían de dos mecanismos. El primero, la existencia de un territorio extenso en el que el arreglo federal ayudaría a acentuar las diferencias de intereses entre las poblaciones y las mayorías de los distintos estados. El segundo fue el modelo de frenos y contrapesos, la ingeniería institucional destinada a limitar el poder de la Asamblea Legislativa, que por su naturaleza es la que estaría en contacto más directo con las mayorías nacionales.[16]

En particular, el sistema de vetos mutuos y la diversidad de los intereses políticos representados en cada rama del poder impedirían que un agente del pueblo (en especial la legislatura) pudiera reclamar la representación unitaria de la ciudadanía y así invadir otras ramas de gobierno. La Constitución no requeriría de esta manera de ningún "guardián", pues sería un sistema autorregulado de límites al poder estatal (Manin 1997). Por ello, en casos de violación a la Constitución no sería necesario llamar a convenciones populares que decidieran sobre la transgresión. Las transgresiones, en todo caso, serían mejor dirimidas por parte de una Corte Suprema, que de esta manera protegería al poder constituyente original de las desviaciones que intentaran hacer los poderes constituidos.[17]

La desconfianza a las mayorías, el deseo de brindar estabilidad a la Constitución, y la proposición de un esquema de equilibrio autorregulado de poderes que contuviera las tendencias expansivas de

---

[16] El primer mecanismo está descrito en EF #10, el segundo en los escritos federalistas # 47 a 51.

[17] Sobre este punto, véase EF #78 de Hamilton.

la legislatura, descartaron como opción que la ciudadanía participara por medio de canales legales en la propuesta de cambios constitucionales o que se apelara al pueblo frecuentemente para revisar la Constitución o corregir transgresiones. Si la legislatura federal pudiese convocar directamente a convenciones constitucionales o aprobar cambios por medio de referendos ratificatorios, esto derivaría, siguiendo la lógica de Madison, en un muy probable agrandamiento de las facultades del legislativo a expensas de las otras ramas de gobierno. Por otra parte, un mecanismo de consulta periódica a la ciudadanía sobre materias constitucionales terminaría por restar autoridad a la Constitución.

Por estas razones, el mecanismo de enmienda y revisión constitucional establecido en el artículo V de la Constitución de Filadelfia se organizó de modo tal que sólo pudiese ser activado por los poderes constituidos, al mismo tiempo que ninguno de estos poderes (en particular en Congreso federal) pudiese monopolizar el proceso. Sin embargo, y a pesar del éxito que tuvo el proyecto de Madison a nivel federal en cuanto al objetivo de producir estabilidad constitucional, no está claro que la regulación legal que incorporó a la Constitución pudiera cerrar para siempre el camino a formas más participativas y no previstas de cambio constitucional.

El carácter no exclusivo del procedimiento de enmienda

En un sentido obvio, el procedimiento de enmienda de una Constitución no es el canal exclusivo por medio del cual ésta puede cambiar. Las constituciones también se transforman sin necesidad de alterar sus textos, por medio de las interpretaciones que de sus normas hacen las cortes constitucionales y los poderes políticos (Levinson, 1995; Strauss, 2001; Negretto, 2012). Esta visión del cambio constitucional, sobre todo en lo que respecta a la interpretación judicial, no contradice el modelo de los federalistas. Más aún, como argumenta Vile (1991: 52), existe una perfecta continuidad entre la intención de hacer difícil el cambio textual de la Constitución por medio de enmiendas aprobadas por el Congreso, evitar una apelación frecuente al pueblo para decidir cuestiones constitucionales, y delegar a los jueces la facultad de transformar la Constitución por vía interpretativa. Sin embargo, existe un entendimiento alternativo acerca del carácter no exclusivo del procedimiento de enmienda que sí contradice de manera abierta la teoría de los escritos federalistas. Éste se refiere a la posibilidad de incorporar cambios formales a la Constitución por medio de la participación directa de los ciudadanos o de una apelación al pueblo hecha por los poderes constituidos fuera de los canales legales establecidos.

Hoy estamos acostumbrados a asociar el constitucionalismo con la idea de una Constitución rígida y la rigidez de la Constitución a un procedimiento por el cual la legislatura sólo puede aprobar enmiendas mediante una votación más exigente que la que se requiere para aprobar una ley ordinaria. Estos procedimientos más demandantes refieren a mayorías calificadas, votaciones sucesivas por mayoría pero mediando una elección antes de su aprobación final, intervención de distintas cámaras o instancias institucionales, ratificación por asambleas locales, etc. Sin embargo, si seguimos la lógica de que la validez de una Constitución emana de su aceptación por parte de los gobernados y de que ésta establece un conjunto de pautas sobre el ejercicio del poder que no pueden ser violadas por los poderes constituidos, resulta que el procedimiento de enmienda podría ser por un lado más y por otro menos limitativo de lo que parece.

El procedimiento de enmienda podría ser más limitativo de lo que parece porque si la validez de la Constitución emana del consentimiento del pueblo y los representantes no pueden modificar los términos de su mandato, ningún poder constituido podría legítimamente alterar aspectos fundamentales de la Constitución sin consultar a la ciudadanía. Es decir, una enmienda aprobada solamente por la legislatura que alterara decisiones fundamentales contenidas en la Constitución, como la forma de gobierno o la estructura del estado, no sería constitucional aunque se hubiese seguido el procedimiento establecido por la Constitución. Este principio se aplicaría aunque la Constitución no mencione en forma explícita materias que no pueden ser reformadas. Éste es el fundamento de la llamada doctrina de las enmiendas inconstitucionales, según la cual el procedimiento de enmienda no autoriza a la legislatura a cambiar aspectos de la Constitución que hacen a la estructura básica del estado, pues ésta sólo puede ser cambiada con el consentimiento del poder constituyente originario.[18]

Por otra parte, el procedimiento de enmienda podría ser menos limitativo de lo que parece si el mismo se piensa como restricción para los poderes constituidos, mas no para el poder constituyente. Si la validez de la Constitución emana del pueblo y éste mantiene el derecho de alterarla o suprimirla cuando lo considere conveniente, entonces los procedimientos de enmienda están diseñados especialmente para impedir que la legislatura tenga la capacidad de alterar los términos de su delegación por el mismo mecanismo con el que se sanciona o reforma una ley ordinaria. Pero existirían otros mecanismos si la iniciativa o la ratificación de cambios constitucionales son realizados en forma directa por la ciudadanía. Éste es el argumento central de Akhil Amar (1988; 1994), quien propone que las reglas de mayoría calificada que normalmente se establecen en los procedimientos de enmienda, aplican para los gobernantes y no para los gobernados, quienes podrían utilizar métodos alternativos de tipo mayoritario para alterar, revisar, o reemplazar la Constitución.

Según Amar, el principio de soberanía popular en el que se fundó la Constitución de 1787 y que se incorporó en varias cláusulas de la Constitución, llevan a interpretar al procedimiento del artículo V como un mecanismo que rige sólo cuando actúa la legislatura en ausencia de una participación ciudadana directa. En esta perspectiva, la necesidad de recurrir al voto de las dos terceras partes de cada cámara del Congreso o a un convención convocada por dos terceras partes de los estados para proponer enmiendas no excluye, por ejemplo, que los ciudadanos puedan proponer cambios a la Constitución. Siguiendo este razonamiento, aún sin estar regulado constitucionalmente, los votantes americanos tendrían el derecho

---

[18] La posición clásica sobre este punto se encuentra en la distinción que hace Carl Schmitt entre Constitución y leyes constitucionales. La primera refiere a decisiones políticas fundamentales que no pueden ser alteradas por los poderes constituidos ni siquiera valiéndose del procedimiento de enmienda. Las segundas son reglas procedimentales o regulaciones no esenciales sobre la forma de estado y de gobierno, que los poderes constituidos pueden alterar por medio del procedimiento de enmienda. Véase Schmitt (1982). Para el debate contemporáneo sobre el tema, véase Jacobsohn (2006).

de peticionar al Congreso federal convocar una convención para revisar la Constitución y el Congreso estaría obligado a aceptar dicha petición si ésta reúne el apoyo de una mayoría de los votantes registrados (Amar, 1988: 1065). Por las mismas razones, en el caso de que los cambios fueran propuestos por el Congreso federal o por una convención, no sería forzoso que la ratificación requiriese del acuerdo de tres cuartas partes de las legislaturas locales o de convenciones estaduales. Tanto el Congreso federal como una convención podrían proponer alteraciones para que las mismas sean aprobadas por mayoría simple en un referendo nacional (Amar, 1988; 1994: 457).

Lo interesante –y controvertido– del argumento de Amar es que este tipo de acciones no implican, a su juicio, un ejercicio revolucionario y extraconstitucional del poder constituyente, sino que son perfectamente legales. Según Amar, si bien la Convención de Filadelfia se apartó de la interpretación literal del artículo XIII de los artículos de la Confederación y cambió el procedimiento de ratificación por razones de necesidad y conveniencia, no se debe catalogar su estrategia como ilegal. A su juicio, la acción de la convención y sus líderes tenía fundamento en una corriente constitucional que se fue consolidando en las 13 colonias durante la década posterior a la Revolución. Esta corriente habría convertido el derecho natural y revolucionario del pueblo de abolir o alterar su gobierno en un derecho legal que podía ejercerse aunque la Constitución no lo reconozca de manera explícita (Amar, 1994: 463-464).

Por esta razón, e invocando esa tradición, Amar considera que lo que ocurrió en 1787, podría volver a ocurrir si bajo condiciones similares se llamara a una convención consultando directamente al pueblo o si una convención alterara el mecanismo de ratificación establecido en el artículo V. Como argumenta, si hubo un Filadelfia I, bien podría darse un Filadelfia II. Por otra parte, Amar considera que la tradición constitucional revolucionaria fue implícitamente incorporada al texto de la Constitución federal en todas las instancias en que la misma hace referencia directa o indirecta al principio de soberanía popular. Por ejemplo, según Amar el derecho del pueblo a reunirse en asamblea y de peticionar ante el gobierno que la Constitución federal reconoce explícitamente en la primer enmienda, incluiría implícitamente el de reunirse en convención para alterar la Constitución y el de peticionar que dicha convención sea convocada. También considera que el derecho colectivo del pueblo de actuar para cambiar la Constitución se encuentra reconocido en la declaración del preámbulo según la cual es el pueblo de los Estados Unidos quien establece la Constitución, y en las enmiendas nueve y diez, que reservan al pueblo todos los poderes no delegados (Amar, 1994: 489-494).

La argumentación de Amar tiene varios problemas. El más serio se relaciona con los fundamentos históricos que invoca para argumentar que al sancionarse la Constitución federal el pueblo habría retenido el derecho *legal* de cambiar la Constitución cuando lo considere conveniente y sin observar los procedimientos establecidos.[19] Amar tiene razón que el derecho del pueblo de alterar o abolir la Constitución fue considerado por la tradición constitucional revolucionaria como un derecho distinto al derecho a la revolución, y que podía invocarse aun en ausencia de procedimientos establecidos. Esto explicaría porque la mayoría de las primeras constituciones estatales no creyeron necesario establecer procedimientos explícitos de revisión y porqué muchas de ellas fueron posteriormente alteradas o reemplazadas en ausencia de regulación, o incluso en contra de la regulación establecida. Sin embargo, es problemático invocar esta tradición en el caso de la Constitución federal.

En primer lugar, como argumenté en la sección anterior, si bien es cierto que los federalistas apelaron a la tradición revolucionaria del poder constituyente del pueblo para justificar el actuar de la Convención de Filadelfia, la Constitución que surgió de esta convención buscó claramente apartarse de esa tradición. Este alejamiento puede observarse, como lo señalan algunos historiadores y juristas, en la distinta evolución que tuvo el constitucionalismo estatal y federal. Mientras que el primero buscó en hacer más flexible los procedimientos de enmienda, dar mayor participación a la ciudadanía y restringir el poder de los legisladores y los jueces en

---

[19] Esta idea puede ser también criticada, por supuesto, desde un punto de vista puramente lógico, pues es incoherente que la Constitución presuponga un derecho legal y no explícitamente regulado para alterar o abolir la propia legalidad que la Constitución establece. Sobre este punto, véase Suber (1990).

materia de cambio constitucional, el segundo se mantuvo atado a un esquema elitista en donde el poder revisor quedaría en manos de estos últimos (véase Fritz, 1997, y Dinan, 2009).

Por otra parte, si bien la tradición constitucional revolucionaria se mantuvo viva en el constitucionalismo estatal bastante tiempo después de la sanción de la Constitución federal, la misma fue también abandonada hacia mitad del siglo XIX. Luego de una revisión exhaustiva de los antecedentes históricos, legales y jurisprudenciales de la convocatoria a convenciones especiales en los estados, el jurista Roger Sherman Hoar concluye que puede considerarse como doctrina establecida que una convención convocada a pedido o por autorización de la ciudadanía es legal no sólo cuando la Constitución no prevé el mecanismo, sino incluso cuando ésta lo prohíbe (Hoar, 1917: 48-49).[20] Sin embargo, para que una convención no prevista o incluso prohibida sea legal, Hoar argumenta que es preciso que la misma haya sido "convocada por el pueblo expresándose por medio del electorado en una elección regular" (*ibid.*: 52). De otra manera, la convención sería puramente facciosa e ilegal y sus decisiones sólo podrían reconocerse si las mismas lograran imponerse por la fuerza. En otras palabras, tendría que triunfar una revolución.

El argumento de Hoar no es entonces que cualquier convención apoyada por la mayoría de los ciudadanos de un estado es legal por el simple hecho de fundarse en el derecho colectivo de alterar o abolir la Constitución, sino que sólo alcanza ese estatus si los ciudadanos manifiestan su voluntad por medio de una elección regularmente convocada. Ahora bien, para que una elección sea regularmente convocada se requiere o bien la existencia de un derecho de iniciativa popular reconocido explícitamente que permita votar el llamado a una convención independientemente del acuerdo de la legislatura o bien del apoyo de esta última en convocar una elección regular para decidir sobre el tema. ¿Qué pasaría entonces si la legislatura se opusiera a un movimiento popular que exigiera alterar o reemplazar la Constitución por medio de una convención no prevista o cuya convocatoria dependa de su discrecionalidad y la legislatura se negara?

---

[20] Es evidente la influencia que el trabajo de Hoar tuvo sobre el pensamiento de Amar.

70

La respuesta es clara: tal convención sería ilegal y su éxito o fracaso dependería de la suerte de la revolución que la apoye.

Ésta fue justamente la suerte de la llamada "convención del pueblo" que Thomas Dorr quiso organizar en el estado de Rhode Island entre 1841 y 1842 en ausencia de autorización constitucional y ante la oposición de la legislatura. La Constitución sancionada por esa convención nunca fue aceptada como legal a pesar de que esta última fue elegida popularmente y una mayoría de los hombres adultos del estado votaron a favor de la nueva Constitución.[21] La razón es que dicha convención fue considerada revolucionaria y al fracasar la rebelión popular de Dorr, también fracasó la Constitución que dicha rebelión apoyaba. En dicha ocasión, el gobierno federal se opuso a considerar legal la Constitución popular y su posición fue implícitamente validada por la Corte Suprema en el caso *Luther vs Borden*, de 1849 (véase Vile, 1991: 53). Consciente de este precedente, los ejemplos que brinda Amar acerca de cómo la Constitución podría ser alterada por medio de una apelación al pueblo fuera del artículo V, siempre suponen que el Congreso federal acepta una iniciativa popular o bien consulta directamente al pueblo con el acuerdo implícito o explícito de los demás poderes. Pero como señala Vile (1993: 101-102), si el derecho del pueblo de cambiar la Constitución en violación a los procedimientos establecidos fuera un derecho legal, entonces se debería poder ejercer incluso ante la oposición del Congreso o de otros poderes.

En suma, Amar fracasa en convencernos de que el constitucionalismo americano le reconoce al pueblo el derecho legal de alterar o abolir la Constitución más allá de los procedimientos establecidos. No obstante, sus argumentos tienen el valor de llamar la atención sobre el hecho de que un intento de hacer cambios constitucionales apelando al poder constituyente al margen del artículo V podría encontrar reconocimiento no sólo en la tradición revolucionaria sino en los fundamentos últimos de la Constitución. Esto no ha ocurrido en Estados Unidos a nivel federal, pero eso no quiere decir que no pudiera ocurrir en una situación de crisis, donde ante la urgencia de realizar ciertos cambios demandados por la ciuda-

---

[21] Sobre la rebelión de Thomas Dorr y las discusiones acerca de la legalidad de la convención del pueblo de Rhode Island, véase Thompson (2001).

danía, los poderes constituidos acepten un cambio extralegal. En otras palabras, si bien el derecho del pueblo no sería considerado legal, tampoco quiere decir que no habría argumentos para aceptar la legitimidad democrática de esos cambios. Como veremos, esta posibilidad sería aún mayor en estados constitucionales donde la estabilidad constitucional y el respeto a legalidad es más frágil que en los estados unidos.

Los argumentos de Amar tienen varios puntos de conexión con la teoría de Bruce Ackerman acerca del cambio constitucional. Este último coincide con Amar en la idea de que el artículo V de la Constitución americana no es el único camino para introducir cambios a la Constitución (Ackerman 1991; 1995: 72). En su visión, los federalistas establecieron una Constitución dualista que contiene dos mecanismos superpuestos de legislación, uno ordinario y otro extraordinario. El primero es el proceso legislativo normal que controlan los representantes y los partidos políticos, quienes tienen autoridad para tomar decisiones de política pública pero no para introducir cambios (formales o informales) a la Constitución que el pueblo sancionó. El segundo mecanismo es un proceso más demandante en el que los representantes obtienen autoridad para cambiar las decisiones constitucionales del pueblo sólo luego de movilizar a un gran número de ciudadanos y obtener su apoyo sostenido en el tiempo (1991: 6-7). Según Ackerman, este proceso de movilización implica un gran debate constitucional nacional que comienza con una serie de conflictos entre ramas de gobierno acerca del contenido y sentido del cambio y culmina en una serie de vitorias electorales en las que una visión triunfa sobre otra rompiendo con los vetos institucionales a su implementación (Ackerman, 1998: 20). Sólo una vez que esto ocurre puede considerarse que el Pueblo (con mayúsculas) "ha hablado", de modo tal que ya no se trata de una decisión de un grupo de representantes, sino que refleja el juicio considerado de una amplia mayoría de ciudadanos.

El trabajo de Ackerman presta en general poca atención a los detalles institucionales de las reglas para implementar cambios constitucionales al margen del artículo V y, a diferencia de Amar, no considera que la convocatoria de convenciones populares tenga que ocupar un lugar privilegiado como ruta alternativa de transformación constitucional. En su visión, las convenciones especiales son un antecedente válido en la tradición constitucional americana del siglo XVIII, pero el periodo de la Reconstrucción y el *New Deal* brindan precedentes igualmente importantes. Estos precedentes señalan que es el reiterado apoyo de una propuesta de cambio por parte de los votantes en sucesivas elecciones lo que permite descubrir la existencia de una auténtica voluntad popular a favor de un cambio determinado. Dada esta condición, es posible que algunos cambios se realicen utilizando la forma, aunque no necesariamente respetando el espíritu del artículo V, mientras que en otros casos se recurra a interpretaciones innovadoras y transformadoras de la justicia.

Sin embargo, Ackerman reconoce que el uso de vías de cambio constitucional distintas a la establecida en el artículo V puede prestarse al abuso, particularmente por parte de presidentes que sin contar con un auténtico mandato popular (como, a su juicio, lo tenía Roosevelt) utilizan nombramientos en la justicia para realizar cambios interpretativos a la Constitución. Al mismo tiempo, tampoco es una solución aferrarse al artículo V ante estos abusos, pues éste tampoco asegura que las enmiendas gocen de un auténtico respaldo popular. Ante esto, Ackerman propone un procedimiento según el cual el presidente en su segundo mandato puede proponer enmiendas al Congreso, para que en caso de ser aprobadas por este último por dos terceras partes de ambas cámaras, se sometan durante las próximas dos elecciones al voto popular. Si tres quintas partes de los votantes que participan en estas elecciones aprueban la enmienda, ésta quedaría ratificada en nombre del pueblo de Estados Unidos (Ackerman, 1991: 54-55). Si bien en su formulación inicial Ackerman propone incorporar este procedimiento como reforma al artículo V, no aclara si el mismo se convertiría en un nuevo y único procedimiento de enmienda que sustituiría al anterior, o si se utilizaría como mecanismo alternativo.

Hacia el final del segundo volumen de *We the People*, Ackerman vuelve a retomar esta propuesta, a la que llama ahora "iniciativa de soberanía popular" (Ackerman, 1998: 410-412). La principal diferencia con la propuesta inicial refiere a cómo podría adoptarse el nuevo método de enmiendas.[22] Si este procedimiento es incorporado a la Constitución por medio de una enmienda al artículo V, como Ackerman parecía sugerir en su primer análisis, esa enmienda seguramente no sería aprobada por los estados, que lógicamente no aceptarían renunciar a su control sobre futuras enmiendas. Por esta razón, sugiere que la iniciativa de soberanía popular debiera instaurarse por medio de una ley especial, sometida por el presidente para la aprobación de dos terceras partes del Congreso (*ibid.*: 415). En su consideración final, entonces, Ackerman estaría proponiendo un procedimiento de enmienda complementario al artículo V, pero adoptado de forma paralela y por tanto fuera del mismo. Si bien esto seguiría los precedentes históricos de realizar enmiendas al margen del artículo V, su ejecución por medio de una ley especial haría que la misma pudiera ser cuestionada constitucionalmente ante la justicia. Esto es irónico, sin embargo, pues la iniciativa de soberanía popular justamente busca limitar la intervención de los jueces en cambios constitucionales.

Otros autores de gran peso en la teoría constitucional americana, como Sanford Levinson, partiendo también de la idea de que el artículo V no permite una expresión directa de la ciudadanía y es muy costoso y casi imposible de implementar, sugieren que existen formas creativas de evadir sus límites. En este espíritu, Levinson sugiere que sería válido organizar una campaña nacional de petición ante los miembros del Congreso para que este último vote por la convocatoria de una convención constituyente que decida sobre la necesidad de hacer cambios a la Constitución (Levinson 2006: 173).

A diferencia de Amar, Levinson no discute sobre si el Congreso federal debiera estar obligado a aceptar dicha petición y más bien cree que sería facultativo. Esto implica que en caso de negativa del Congreso, sería preciso seguir el curso del artículo V en cuanto a la petición a través de dos terceras partes de las legislaturas estatales. Levinson menciona también un referendo nacional convocado por el Congreso pidiendo al electorado nacional que apruebe o recha-

---

[22] Una variante menor, pero referida al contenido del nuevo mecanismo es que Ackerman no insiste ahora en que los votantes deberán ratificar la enmiendas por una mayoría calificada.

ce la moción de llamar a una convención para elaborar una nueva Constitución, pero no dice si tal tipo de referendo podría justificarse en términos legales y prefiere mantenerlo como mero ejercicio mental. Lo que sí sugiere, en cambio, es la posibilidad de realizar un referendo informal por medio de asambleas de ciudadanos que de estar a favor de una nueva convención, pondrían presión al Congreso para tomar seriamente la propuesta (Levinson, 2006: 179).

El problema fundamental de todos estos análisis es que no cuestionan a fondo los peligros que entraña la idea de cambiar la Constitución por medio de mecanismos alternativos a los establecidos en el texto vigente. Se asume una feliz concurrencia de voluntades entre las mayorías populares y los distintos poderes constituidos y no se consideran a fondo las alternativas que se abren cuando presidente y Congreso difieren en cuanto a la necesidad del cambio o cuando una corte constitucional decide en contra de la constitucionalidad del procedimiento. Por otra parte, cuando se hacen propuestas de reforma, no pareciera tomarse muy en serio la necesidad de discutir con precisión cuáles debieran ser los nuevos mecanismos, no sólo a la luz de principios abstractos de legitimidad democrática basados en la voluntad de mayorías nacionales sino también previendo la posibilidad de que esta voluntad sea usurpada por alguno de los poderes constituidos.

La necesidad de institucionalizar la participación ciudadana en revisiones constitucionales

Es indudable que el concepto de poder constituyente implícito en el actuar irregular de la Convención de Filadelfia y la justificación que de ésta hicieron Madison y Hamilton en los escritos federalistas difieren en aspectos centrales del legado del constitucionalismo francés. Sin pretender encontrar fundamento en el sistema legal existente, en junio de 1789 el Tercer Estado francés se autoproclamó Asamblea Nacional, y ésta se arrogó luego facultades constituyentes. Esa ruptura total con el viejo régimen tenía su correlato teórico en la propuesta revolucionaria de Sieyès de que el Tercer Estado es la nación y que "una nación es independiente de toda forma y, sin importar la manera en que exprese su voluntad, ésta es suficiente para que el derecho positivo quede sin efecto, porque es la fuente y amo absoluto de todo el derecho positive" (Sieyès, 2003: 138).

La Convención de Filadelfia, por el contrario, a pesar de ir más allá del mandato de revisar la Constitución y alterar el procedimiento de ratificación, envió la Constitución al Congreso Continental, que a su vez envió la propuesta a los estados para que convenciones especialmente elegidas en los mismos decidieran su ratificación como lo propuso la convención. La propia ejecución del procedimiento propuesto, que podría haber sido resistido por el Congreso Continental y por las legislaturas estatales, le dio al mismo una cobertura de legalidad.[23] Asimismo, y como ya se señaló, en los escritos federalistas 39 y 40, Madison concibió al pueblo como una entidad preconstituida en una pluralidad de estados y en base a esta idea propuso un proceso de ratificación que requería que el consentimiento popular se diera por medio de convenciones especialmente elegidas en cada estado. Como bien observa Jason Frank (2007:111), Madison buscó justificar la existencia de una vía intermedia entre el apego positivista a la ley y una apelación abiertamente extralegal al pueblo como entidad abstracta.

Sin embargo, a pesar del intento de encontrar un camino intermedio entre la legalidad y la ilegalidad, entre la continuidad y la ruptura abierta, ni el precedente de Filadelfia ni los argumentos teóricos vertidos en los escritos federalistas disipan la incertidumbre y ambigüedades que tendría el intento de reimplementar el concepto fundacional del poder constituyente en un orden ya constituido. Como es sabido, "el pueblo" no existe como entidad real con capacidad de actuar en forma espontánea; toda atribución de acciones a ese sujeto colectivo tiende a ocurrir en virtud de reglas establecidas previamente por el sistema constitucional vigente o bien en virtud de una construcción política *ex post*, a partir de resultados observados. Como ejemplo de lo primero tenemos la atribución de voluntad popular que se realiza cuando una mayoría de ciudadanos legalmente habilitados para votar apoya una propuesta en un refe-

---

[23] Sobre el contraste entre la tradición francesa y americana en torno a la legalidad del proceso, véase Arato (1995).

rendo regulado por la Constitución. Encontramos un ejemplo de lo segundo cuando se considera como expresión de la voluntad popular una rebelión masiva y espontánea de ciudadanos (no necesariamente una mayoría de la población) que produce la caída de un régimen o gobierno.

Fieles al precedente de Madison y los federalistas, algunos teóricos como Amar, Ackerman o Levinson han buscado encontrar un camino por el cual el pueblo podría reclamar su derecho de alterar o incluso abolir el orden constitucional existente sin caer en una ruptura revolucionaria. El problema es que en ausencia de una regulación constitucional previa acerca de cómo es posible ejercer ese derecho colectivo, existen muchos procedimientos posibles. Amar y Levinson consideran que los ciudadanos americanos tienen el derecho implícito de reclamar ante el Congreso la convocatoria a una convención constitucional fuera del artículo V. Ahora bien, supongamos que el Congreso decidiera aceptar la propuesta, ¿cómo se regularía la convocatoria y las reglas de elección de la convención? ¿Debiera esta regulación decidirse por mayoría simple o mayoría calificada? También podría ocurrir que el Congreso decidiera rechazar la petición ciudadana y el presidente estuviese decidido a apoyarla. ¿En caso de desacuerdo, podría el presidente convocar por sí mismo un referendo para consultar al pueblo sobre la convocatoria a una convención? En su Iniciativa de Soberanía Popular, Ackerman propone que un presidente popular debería estar habilitado a enviar propuestas de reforma constitucional para la aprobación directa de la ciudadanía previa autorización del Congreso por mayoría calificada. ¿Pero no podría un presidente popular pasar por encima de un Congreso recalcitrante y apelar directamente a la ciudanía en nombre del poder constituyente?

Dado que no queda claro qué procedimientos quedarían en principio excluidos para expresar la voluntad popular, el menú de manipulación es enorme. Dado el éxito que tuvo el proyecto de James Madison de generar veneración colectiva a la Constitución y de reducir la idea del pueblo soberano a un mito fundacional, no han existido en la historia americana intentos políticos serios de reformar totalmente o reemplazar la Constitución federal por medio de procedimientos extralegales. La consideración de vías alternativas de cambio constitucional formal no ha pasado de experimentos mentales por parte de juristas creativos. Pero el problema se manifiesta de manera apremiante en sistemas constitucionales que adoptaron el proyecto federalista en contextos en los que la ciudadanía se halla insatisfecha con el desempeño de las instituciones representativas, particularmente el Congreso, y las institucionales son generalmente inestables.

Al igual que en el caso de la Constitución americana, que sirvió de modelo, la mayor parte de las constituciones en América Latina carecen de mecanismos por los cuales los ciudadanos puedan someter a votación popular reformas constitucionales o la convocatoria a una asamblea constituyente. De la misma manera, la mayor parte de las constituciones en esta región tampoco brindan a los poderes constituidos de instrumentos para poder reemplazar la Constitución vigente. Sin embargo, dado el desempeño deficiente del régimen representativo en América Latina en proveer bienes públicos básicos, los países en esta región enfrentan frecuentes demandas populares de revisión constitucional profunda.

Esta situación ha colocado a varias democracias latinoamericanas frente a un dilema legal y político que sólo pocas veces se ha resuelto con éxito. Una alternativa hasta ahora minoritaria ha sido intentar mantener la continuidad legal, mediante reformar la Constitución existente para que la legislatura pueda convocar una asamblea constituyente y eventualmente regular su elección y aspectos centrales de su funcionamiento. Sin embargo, la alternativa más frecuente ha sido rupturista, y ha consistido en que el presidente convoque directamente a un plebiscito para que el pueblo autorice a reemplazar la Constitución por medio de la elección de una asamblea constituyente. [24]

La vía legal fue seguida por Bolivia entre 2004 y 2007, con un resultado final aceptable en términos de la preservación del régimen democrático, a pesar de las múltiples trasgresiones que sufrió el procedimiento durante su implementación (Landau, 2013). La vía rupturista fue seguida por Colombia en 1991, Perú en 1993, Ecuador en 1997, Venezuela en 1999 y Ecuador nuevamente en

---

24 Sobre las distintas alternativas procedimentales de reemplazo constitucional en ausencia de regulación previa, véase Negretto (2015).

2008. La posibilidad de que la vía rupturista pueda preservar el orden democrático depende de que exista un grado mínimo de colaboración entre los poderes constituidos o entre el gobierno y la oposición. Esto, a su vez, está condicionado por la contingencia de que ningún actor político tenga los recursos y los incentivos para monopolizar la organización del proceso. Dentro de la opción rupturista, estas condiciones se dieron en Ecuador entre 1997 y 1998 y en Colombia entre 1989 y 1990, pero no así en los otros casos, en los que el presidente y su partido utilizaron el apoyo popular a una nueva Constitución para decidir una forma de elección y de organización de la constituyente que beneficiara exclusivamente al partido de gobierno y al ejecutivo.

La doctrina del poder constituyente se originó en contextos revolucionarios en donde la legalidad preexistente respondía a principios de legitimidad contrapuestos al de la soberanía popular. No es deseable dejar que esta doctrina, de contornos institucionales imprecisos, se invoque en un orden democrático ya constituido en ausencia de una mínima regulación acerca de la participación de los ciudadanos en procesos de transformación constitucional. Si bien la apelación al poder constituyente originario del pueblo podría, en circunstancias excepcionales, dar lugar a una nueva constitucionalidad más cercana a los principios de legitimidad democrática, también permite la usurpación de la voluntad popular por parte de actores políticos que buscan redistribuir poder en su favor. Esta última posibilidad es muy real y presente en contextos institucionales inestables donde los presidentes gozan de mayor legitimidad que el Congreso y los partidos.

Algunos de los temas y principios que deberían definirse en la Constitución para permitir la participación ciudadana en los procesos de cambio constitucional y evitar al mismo tiempo una utilización abusiva de la apelación al pueblo por parte de los representantes son:

1. Establecer una gradación de procedimientos de reforma de manera tal que conforme más profundo sea el cambio deseado, mayor sea el involucramiento de los ciudadanos en el mismo. Por ejemplo, mientras una enmienda asilada de ca-

rácter técnico podría aprobarse sólo por el Congreso, una reforma parcial significativa debiera contar con una instancia de ratificación popular. Siguiendo la misma lógica, una reforma total o reemplazo de la Constitución debería contar con una autorización popular inicial, una elección especial del cuerpo encargado de aprobar el nuevo texto, y quizás un proceso de ratificación posterior. Los detalles pueden variar, pero una regulación de este tipo limitaría la discrecionalidad de los representantes en materia de cambios constitucionales y superaría el vacío legal en los procesos de reemplazo.

2. Incorporar el derecho de iniciativa popular para someter a votación reformas constitucionales o la convocatoria de una convención especial para reemplazar la Constitución. Este derecho haría posible encontrar una salida institucional toda vez que una mayoría ciudadana apoye un cambio constitucional y éste sea rechazado por alguno de los poderes constituidos.

3. Autorizar a los poderes constituidos a someter reformas constitucionales o la convocatoria de una convención especial a la votación directa de la ciudadanía siempre y cuando se obtenga un acuerdo entre el presidente y el Congreso, el apoyo de una mayoría calificada en este último, o ambas cosas. Este mecanismo haría más difícil que un solo actor político se aproveche de mayorías circunstanciales para realizar reformas que redistribuyan poder en su favor.

4. Si se permite la convocatoria a una convención especial en casos de reemplazo o reforma total, establecer cómo se decidirán las reglas de elección de la misma, cual sería su mecanismo de decisión y qué poderes tendría hasta que se sancione una nueva Constitución. Esta regulación es fundamental para disminuir el peligro de que una convención dominada por alguna fuerza política se declare soberana, intervenga los poderes constituidos y se convierta en instrumento para la captura del estado.

Algunas de las constituciones recientemente creadas en América Latina regulan la participación ciudadana en cambios constitucionales, incluyendo alguno de estos principios. Sin embargo, sobre todo aquellas que surgieron de procedimientos rupturistas radicales, heredaron en su regulación la misma arbitrariedad de su origen. Por ejemplo, tanto la Constitución de Venezuela como la de Ecuador permiten que el presidente pueda, por su sola autoridad, enviar propuestas de enmienda constitucional para ser aprobadas de manera directa por el voto popular. También le dan iniciativa al presidente para poder convocar, sin necesidad de aprobación por el Congreso (aunque por medio de aprobación popular en el caso de Ecuador), a una convención constituyente. Esta regulación hace posible que un presidente aproveche el apoyo de una mayoría circunstancial para aprobar cambios constitucionales de peso. Más cercano a los principios señalados de consenso y pluralismo es la regulación que incluye la Constitución de Bolivia, que no permite la aprobación de enmiendas por medio de una convocatoria decidida por el presidente en forma aislada.[25]

El punto central es que la teoría constitucional liberal, de la cual los federalistas fueron los principales constructores, carece de un esquema analítico adecuado para evaluar estos procedimientos, dada su negación a canalizar legalmente la participación popular en cambios constitucionales. Curiosamente, la teoría constitucional liberal de los federalistas se emparenta en este punto con la teoría populista del poder constituyente, representada inicialmente por Sieyès y más tardíamente por Carl Schmitt. Según estos autores, el poder constituyente, en tanto que creador de normatividad, es un poder anterior y superior a la Constitución que no puede ser regulado legalmente. Esta teoría confunde la atribución del poder constituyente al pueblo, que en su origen no deriva de una norma legal, con la expresión y manifestación de dicho poder, que necesariamente depende de canales institucionales que podrían ser establecidos con anterioridad a su aparición.[26] En cualquier caso, esta visión coinci-

---

[25] Sin embargo, esta Constitución sí le permite al presidente convocar de manera independiente a una consulta para elegir una asamblea constituyente.

[26] Véase al respecto, Böckenförde (2000: 169). Carl Schmitt distingue entre la activación de la voluntad constituyente del pueblo, que depende de una decisión política que no puede ser mediada ni organizada por reglas constitucionales, de la ejecución de esa voluntad, que puede ser sujeta a procedimientos. A pesar de esta distinción, sin embargo, Schmitt considera que los procedimientos bajo los cuales se ejecuta la voluntad constituyente son

de con la teoría constitucional tradicional en relegar el ejercicio del poder constituyente a un momento excepcional y revolucionario, de necesaria ruptura con la legalidad precedente.

Sin embargo, dar vías institucionales al involucramiento de los ciudadanos en cambios constitucionales, no sólo hace compatible a la Constitución con su propio principio de legitimidad sino que eleva los costos de abusar de esos procedimientos por parte de los representantes y de los poderes constituidos. Esto, por supuesto, no impide su alteración futura ni tampoco los hace inmunes a la manipulación. No obstante, esa regulación hace necesario que se justifique públicamente la necesidad de apartarse de los procedimientos, incrementa los costos de transgredirlos, y brinda a las cortes constitucionales una carta de ruta para poder evaluar la constitucionalidad de un proceso de revisión que vaya más allá de la simple enmienda parcial de la Constitución por parte de los poderes constituidos.

Conclusión

Resulta útil leer los escritos federalistas hoy en día porque el modelo de gobierno constitucional que éstos proponen encierra una contradicción que afecta al constitucionalismo liberal en general, pero muy en particular a los sistemas de separación de poderes que se fundaron en el modelo de la Constitución de Filadelfia. Esta contradicción consiste en postular el principio de soberanía popular como fundante de la legitimidad y validez de la Constitución mientras que por otra parte se excluye la participación directa de la ciudanía en los procesos de revisión y reemplazo constitucional. Sin embargo, como esta exclusión no puede abolir el derecho inalienable del pueblo de alterar o suprimir la Constitución existente, siempre es posible invocar el poder constituyente para implementar reformas o reemplazos extraconstitucionales.

El problema es que en ausencia de una regulación legal no es posible discriminar qué procedimientos estarían incluidos o no

establecidos con base en prácticas históricas cambiantes que no corresponde reglamentar en la Constitución. Véase Schmitt (1982: 93-103).

dentro de la lógica del poder constituyente democrático, que es muy poco clara en sus implicaciones institucionales. Esto permite la posible utilización de la apelación al pueblo por parte de actores políticos que buscan redistribuir poder en su favor bajo un manto de legitimidad democrática. En particular, en un contexto de instituciones representativas débiles, el presidente tiene la capacidad de presentarse como un agente del pueblo y organizar un cambio constitucional plebiscitario que concentre poder en sus manos y vulnere derechos y garantías individuales y colectivas. Este peligro no sólo existe sino que se ha materializado recientemente en América Latina.

Una forma de moderar este problema es apartarse de la doctrina de los federalistas americanos y aceptar la necesidad de reconocer la participación ciudadana en los procesos de revisión y reemplazo constitucional. Este reconocimiento implica transformar la idea del poder constituyente originario, depositario de la soberanía, prelegal y sin límites, en un derecho ciudadano cuyo ejercicio requiere de regulación constitucional con el fin de impedir su usurpación por parte de las élites políticas. Como bien lo observó Madison, el pueblo sólo se convierte en agente del cambio constitucional por medio de la ratificación de (o falta de oposición a) las decisiones de una minoría, inicialmente no autorizada, que actuó en su nombre. Para reducir el margen de arbitrariedad de esa minoría es preciso regular las ocasiones en que dentro de un orden democrático los representantes justifican cambios constitucionales trascendentes en nombre del pueblo.

Bibliografía

Ackerman, Bruce (1991). *We the People: Foundations*. Cambridge: Harvard University Press.

_________ (1995). "Higher Lawmaking", en Sanford Levinson (ed.), *Responding to Imperfection. The Theory and Practice of Constitutional Amendment*. Nueva Jersey: Princeton University Press, pp. 63-87.

_______ y Neal Katyal (1995). "Our Unconventional Founding". *The University of Chicago Law* Review, vol. 62, núm. 2, pp. 478-573.

_______ (1998). *We the People: Transformations.* Cambridge: Harvard University Press.

Amar, Akhill (1988). "Philadelphia Revisited: Amending the Constitution Outside Article V". *The University of Chicago Law Review*, vol. 55, 4, pp. 1043-1104.

_______ (1994). "The Consent of the Governed: Constitutional Amendment Outside Article V". *Columbia Law Review*, vol. 94, pp. 457-508.

Arato, Andrew (1995). "Forms of Constitution-Making and Theories of Democracy." *Cardozo Law Review*, 17(2), pp. 191-231.

Arendt, Hannah (1963). *On Revolution.* Nueva York: Penguin.

Böckenförde, Ernst (2000). *Estudios sobre el Estado de derecho y la democracia.* Madrid: Trotta.

Dinan, John (2009). *The American State Constitutional Tradition.* Kansas: Kansas University Press.

Frank, Jason (2007). "Unauthorized Propositions: The Federalist Papers and Constituent Power". *Diacritics*, vol. 37, núm. 2-3, pp. 103-120.

Fritz, Christian (1997). "Alternative Visions of American Constitutionalism: Popular Sovereignty and the Early American Debate". *Hatings Constitutional Law Quarterly*, vol. 24, núm. 2, pp. 287-357.

Hoar, Roger Sherman (1917). *Constitutional Conventions: Their Nature, Powers, and Limitations.* Boston: Little, Brown, and Company.

Jacobsohn, Gary F. (2006). "An unconstitutional constitution? A comparative perspective". *International Journal of Constitutional Law*, vol. 4, núm. 3, pp. 460-487.

Jefferson, Thomas (1984). *Writings.* Nueva York: The Library of America.

Landau, David (2013). "Abusive Constitutionalism". *UC Davis Law Review*, 47, pp. 1-58.

Levinson, Sanford (1995). "How Many Times Has the United States Constitution Been Amended?", en Sanford Levinson (ed.).

Responding to Imperfection: The Theory and Practice of Constitutional Amendment. Princeton, NJ: Princeton University Press, pp. 13-36.

_________ (2006). *Our Undemocratic Constitution*. Nueva York: Oxford University Press.

Madison, James, Alexander Hamilton y John Jay (1788 [1987]). *The Federalist Papers*. Londres: Penguin.

Madison, James (1999). *Writings*. Nueva York: The Library of America.

Manin, Bernard (1997). "Checks, Balances, and Boundaries: the Separation of Powers in the Constitutional Debate of 1787", en Biancamaria Fontana (ed.), *The Invention of the Modern Republic*. Nueva York: Cambridge University Press, pp. 27-62.

Negretto, Gabriel L. (2012). "Replacing and Amending Constitutions. The Logic of Constitutional Change in Latin America". *Law & Society Review*, 46, 4 (2012), pp. 749-779.

_________ (2015). "Procesos constituyentes y refundación democrática: el caso de Chile en perspectiva comparada". *Revista de Ciencia Política*, vol. 35, núm. 1.

Palmer, Robert (1970). "The People as Constituent Power", en John R. Howe Jr. (ed.), *The Role of Ideology in the American Revolution*. Nueva York: Holt, Rinehart and Winston, pp. 73-82.

Paine, Thomas ([1791] 1995). *Rights of Man,* en *Thomas Paine: Collected Writings*. Nueva York: Library of America.

Schmitt, Carl (1982). *Teoría de la Constitución*. Madrid: Alianza Universidad.

Sieyès, Emmanuel Joseph (2003). "What is the Third State?", en *Political Writings*. Cambridge, Inglaterra: Hackett.

Strauss, David A. (2001), "The Irrelevance of Constitutional Amendments". *Harvard Law Review*, 114, pp. 1457-1505.

Suber, Peter (1990). *The Paradox of Self-Amendment: A Study of Law, Logic, Omnipotence, and Change*. Nueva York: Peter Lang Publishing.

Thompson, Paul (2001). "Is There Anything Legal About Extralegal Action?. The Debate Over Dorr's Rebellion". *New England Law* Review, 36, pp. 385-431.

Vile, John R (1991). "American Views of the Constitutional Amending Process: An Intellectual History of Article v". *American Journal of Legal History*, 35, pp. 44-69.

_________ (1993). *Contemporary Questions Surrounding the Constitutional Amending Process.* Connecticut: Praeger.

Wood, Gordon (1969). *The Creation of the American Republic:1776-1787.* Nueva York: Norton.

¿Es el sistema de sistema de frenos y contrapesos ineficaz? *El Federalista* frente al empoderamiento del ejecutivo

*Andrea Pozas Loyo**

Introducción

A diferencia de lo que ocurre con otros escritos considerados clásicos del pensamiento, la continua trascendencia política y jurídica de *El Federalista* es incuestionable. Muestra de ello, el reiterado recurso de la Suprema Corte Norteamericana a este texto como fuente para interpretar su Constitución.[1] *El Federalista* es también una fuente esencial para el estudio histórico no sólo del periodo constituyente de los Estados Unidos de Norteamérica (*e.g.*, Rakove, 1996), sino también de la historia del pensamiento político y jurídico (*e.g.*, Vile, 1967). Es así evidente que las potenciales res-

---

*Agradezco los comentarios de Juan Bertomeu, Carlos Bravo, Claudio López-Guerra, Gabriel Negretto, y Rodolfo Vásquez.

[1] La literatura sobre *El Federalista* como fuente para la jurisprudencia constitucional norteamericana es muy larga. Algunos títulos que no dejan duda a la centralidad del texto son: *The Most Sacred Text: The Supreme son Court's Use of The Federalist Papers*, (Wilson, 1985) y *Should the Supreme Court Read The Federalist but Not Statutory Legislative History* (Eskridge, 1998), véase también (Pierson, 1924, Lupu, 1998, y Durchslag, 2005).

puestas a "¿por qué leer *El Federalista* hoy?" son múltiples y heterogéneas.

Aquí ofrezco una respuesta a esta pregunta desde la ciencia política y la teoría constitucional. Argumento que hay que leer los artículos que componen *El Federalista* porque, a casi doscientos treinta años de su publicación, siguen siendo una referencia obligada para la reflexión jurídica y política sobre cómo puede y debe organizarse un gobierno representativo que busque corporeizar los principios del constitucionalismo tanto positivo como negativo (Holmes, 1995). Es decir, un gobierno con poder para llevar a cabo sus tareas, pero que no haga uso arbitrario de ese poder; en palabras de Madison, un sistema que resuelva "la gran dificultad... [a saber] organizar un gobierno que ha de ser administrado por hombres para los hombres" (*El Federalista* 51).

Cuando afirmo que *El Federalista* es una referencia obligada para quien esté interesado en el constitucionalismo, no quiero decir que exista un acuerdo generalizado respecto a la corrección de las tesis más importantes defendidas en estos artículos. Por el contrario, dichas tesis son altamente debatidas. Lo que sostengo es que *El Federalista* es un texto imprescindible porque parte importante del debate constitucional contemporáneo se sigue dando entorno a la teoría, la lógica institucional, y la psicología política articuladas en estos ensayos. Importantes debates constitucionales contemporáneos podrían estructurarse, y de hecho algunos explícitamente se estructuran, en términos de los detractores y los defensores de las tesis de *El Federalista*.

En este capítulo me centraré en uno de estos debates contemporáneos: la discusión entorno a la eficacia del sistema de frenos y contrapesos que se defiende en *El Federalista* de cara a la primacía que hoy, *de facto*, tiene la rama ejecutiva en los Estados Unidos de Norteamérica. Lo que discuto no son los detalles del debate constitucional norteamericano, sino el peso teórico que los argumentos de *El Federalista* siguen teniendo respecto a cuáles son y deben ser las funciones del Poder Ejecutivo y cuáles son los mecanismos factibles y deseables para limitarlo. Ésta es una cuestión de considerable disenso y de gran trascendencia para la teoría constitucional; es un debate en el que algunos de los constitucionalistas y politólogos contemporáneos más importantes tienen perspectivas contrapuestas. La importancia de esta discusión va más allá de las fronteras estadounidenses porque analiza el papel político y constitucional de una de las aportaciones más trascendentes del constituyente americano: la figura de un ejecutivo independiente de la rama legislativa, que caracteriza a los sistemas presidenciales y que es prevalente en América Latina. Más aún, esta discusión es relevante porque el empoderamiento de los ejecutivos *vis-a-vis* los legisladores es un fenómeno global que comparte características en los países en los que ocurre.

Antes de dar cuenta de la polémica, partamos del único punto de acuerdo entre las partes de este debate: el hecho irrefutable del empoderamiento de la rama ejecutiva y su creciente preponderancia en el sistema político norteamericano. La expansión del Poder Ejecutivo es ampliamente reconocida (Pildes, 2012) y ha sido documentada por una extensa literatura en ciencia política (*e.g.*, Moe y Howell, 1999; Posner y Vermeule, 2010; Mayer 2009; Howell, 2005). Un síntoma de dicho empoderamiento es el creciente uso de las llamadas "acciones unilaterales". Por acciones unilaterales, los americanistas se refieren a los poderes *de facto* que el presidente tiene para hacer reglamentos y lineamientos de políticas públicas por sí mismo y cambiar el *statu quo* (Moe y Howell 1999, 133) "sin la cooperación y algunas veces sobre las objeciones del Congreso" (Mayer, 2009, 427).

Ahora bien, ¿qué implicaciones tiene este hecho para la eficacia del sistema de frenos y contrapesos defendido en *El Federalista*? ¿Podemos concluir que este sistema es parcialmente o totalmente ineficaz? ¿Si sí, cuál es la fuente de la ineficacia: podemos atribuirla a un error en la teoría, en el diseño institucional o en la psicología política expuestos en *El Federalista*? ¿O la ineficacia se debe a factores exógenos? Dado el diagnóstico de la fuente de la ineficacia, ¿puede recuperarse el sistema de frenos y contrapesos; cómo? Si por el contrario se afirma que el sistema constitucionalista defendido por *El Federalista* es eficaz, ¿cómo podemos dar cuenta manera coherente del empoderamiento del ejecutivo?

Este capítulo está dividido en siete apartados. En el segundo doy cuenta de manera breve de las partes de *El Federalista* que son relevantes para esta discusión, y del debate posterior que Madison y Hamilton sostuvieron entorno al Poder Ejecutivo, bajo los seudónimos de *Pacificus* y *Helvidius*. Cada una de las cuatro siguientes secciones las dedico una respuesta distinta a las preguntas que planteé en el párrafo anterior. Así, estas cuatro partes presentan diferentes perspectivas respecto a las consecuencias que tiene el empoderamiento del ejecutivo para la eficacia del sistema madisioniano de frenos y contrapesos. Finalmente, en el séptimo apartado concluyo.

1. El ejecutivo en *El Federalista* y Hamilton *versus* Madison

La rama ejecutiva propuesta en la Constitución norteamericana es descrita y defendida en *El Federalista* 67-75. Estos artículos fueron escritos por Alexander Hamilton, quien pasaría a la historia como un ferviente defensor de la necesidad de un ejecutivo federal fuerte, unitario e independiente. El poder del presidente dentro del sistema político norteamericano superó con creces al que Madison parece haber previsto en su caracterización y defensa del sistema de frenos y contrapesos, e incluso al que Hamilton describe en estos artículos. Además de la tensión entre la realidad del poder político del presidente y la versión que del mismo encontramos en *El Federalista*, hubo un fuerte desacuerdo entre la interpretación de Madison y la de Hamilton respecto al ejecutivo que la Constitución estadounidense prescribía. Como veremos al final de este apartado, dicho desacuerdo quedaría evidenciado menos de una década después de la publicación de *El Federalista*, cuando estos dos políticos y pensadores sostuvieran un acalorado debate sobre los límites constitucionales de los poderes presidenciales.

A continuación presento algunos de los puntos centrales de la descripción y defensa del ejecutivo que Hamilton hace en *El Federalista*. Éste no es un resumen ya que se enfoca únicamente a las cuestiones que son sustanciales para la discusión sobre el debate contemporáneo entorno a la eficacia del sistema de frenos y contrapesos de cara al empoderamiento del ejecutivo, que abordaremos más adelante.

Uno de los principales objetivos de Hamilton en *El Federalista* 70 es argumentar contra la supuesta inconsistencia entre un ejecutivo fuerte y una república. Contra esta idea Hamilton sostiene que un ejecutivo débil podría en riesgo los principios republicanos y las funciones que se le han encomendado al presidente. Así, un ejecutivo "energético" es necesario para: la protección de la comunidad contra ataques extranjeros (*i.e.*, para llevar a cabo la función de jefe de las fuerzas armadas), la administración las leyes, la protección de la propiedad, la impartición de la justicia en las ocasiones en que ésta injustamente sobrepenaliza a un individuo (*i.e.*, para garantizar indultos justos), la prevención de la anarquía y para poder bloquear los asaltos de la ambición y la parcialidad de grupos políticos dentro del legislativo (*i.e.*, ser eficaz en el sistema de frenos y contrapesos).

Ahora bien, nos dice Hamilton, si un ejecutivo energético es necesario para un gobierno republicano eficaz, seguro y estable, surgen varias preguntas: ¿cuáles son los ingredientes que constituyen dicha energía? y ¿cómo se armonizan con "la seguridad en sentido republicano" (*i.e.*, con la garantía del uso no arbitrario del poder)? La respuesta de Hamilton es la siguiente: los ingredientes que constituyen la energía del ejecutivo son: unidad, duración suficiente en el cargo, salario adecuado y poderes competentes, mientras que la protección contra el abuso del poder está garantizada por la dependencia del presidente con pueblo, la responsabilidad que los ciudadanos le adscriben y la posibilidad de ser sometido a juicio político. Detengámonos en los elementos más importantes.

Ejecutivo unitario y los problemas de acción colectiva

Para fines de este capítulo, un punto fundamental es el argumento a favor de que la cabeza del ejecutivo esté habitada por un solo individuo, mientras que el legislativo esté compuesto por una colectividad. De acuerdo con Hamilton, mientras que el legislativo requiere "la sabiduría y la deliberación" propia de los grupos, el ejecutivo requiere unidad a la cabeza. Para respaldar la unicidad de la presidencia como elemento necesario para su energía, Hamilton argumenta que la capacidad de decisión y de acción, la secrecía y la eficacia caracterizan mucho más el comportamiento de un solo individuo, que el de un gran número de ellos, y que "en la proporción en que el número aumente estas características disminuirán" (*El Federalista* 70).

Este punto muestra que Hamilton poseía una comprensión intuitiva de los problemas de acción colectiva que enfrentan los grupos grandes. Ello es crucial para nuestra discusión debido a que una de las principales explicaciones sobre la ineficacia del sistema de frenos y contrapesos es que Madison no poseía dicha comprensión, lo que lo llevó a asumir que el legislativo sería capaz de actuar de manera energética (y arbitraria) si no se le oponían suficientes límites. De esta forma, la consecuencia de no incorporar los problemas de acción colectiva en el sistema de frenos y contrapesos fue un excesivo énfasis en el legislativo que terminaría por impedirle reaccionar frente a los embates del ejecutivo.

En contraste, Hamilton argumenta que el carácter colectivo bloquea la acción eficaz y promueve las divisiones. Él parece estar consciente de las consecuencias de diseñar a una agencia gubernamental plural, pero sostiene que lo que es vicio en el ejecutivo es virtud en el legislativo. En la legislatura, la disposición y la capacidad de acción es más comúnmente un mal que un beneficio, las trabas al actuar establecidas por la colectividad promueven la deliberación y limitan a la mayoría. En suma, Hamilton parece haber tendido claras las dificultades que el legislativo enfrentaría para actuar debido a su carácter grupal, aunque no pudo haber previsto las dimensiones que este problema de acción colectiva cobraría porque en esa época un país de más de trescientos millones de personas con un Congreso compuesto por cientos de representantes era inimaginable. Tal vez por ello, a pesar de comprender los problemas de coordinación que enfrentan las colectividades, en *El Federalista* 73 Hamilton hace suya la tesis de que el legislativo será la rama más peligrosa para justificar el veto parcial.

El presidente como último responsable

Un segundo punto que quiero resaltar es el argumento que vincula la unidad del ejecutivo con la asignación de responsabilidad, por parte de los ciudadanos, a quien ocupa este puesto. Esta tesis es importante porque, como se expondrá en las siguientes secciones, de acuerdo con algunos especialistas contemporáneos del ejecutivo, una motivación que empuja a los presidentes a estirar los límites de sus poderes es el conocimiento de que su unicidad les hace fácilmente identificables y por tanto responsables frente al pueblo del estado del gobierno (véase Howell, 2005).

La asignación de responsabilidad está estrechamente vinculada con la unicidad del ejecutivo. La pluralidad del Congreso diluye la agencia. Para los ciudadanos es difícil saber quién hizo qué cuando un cuerpo colegiado toma una decisión, por lo que se complejiza determinar la responsabilidad individual. En oposición, la unicidad del ejecutivo le da prominencia a quien ocupa este puesto, por ello la asignación de responsabilidad es sencilla, aunque no necesariamente certera.

En resumen, el diseño constitucional hace del presidente la figura en quien se centra la atención de "la opinión pública" (*El Federalista* 70). Si bien Hamilton parece haber tenido plena conciencia de este efecto, no pudo haber previsto el grado de prominencia que el presidente tendría en el sistema político contemporáneo, ya que ésta se ha nutrido de factores tan impredecibles como el desarrollo de los medios masivos de comunicación y la creación y florecimiento del sistema de partidos.

El ejecutivo y los tratados internacionales

Finalmente, me gustaría hacer notar un tercer punto: Hamilton, de manera clara, defiende que el poder para hacer tratados internacionales pertenece al presidente con concurrencia de dos terceras partes del Senado (*El Federalista* 75). En particular, en *El Federalista 75* Hamilton argumenta que sería pernicioso que, como un monarca, el presidente pudiera establecer tratados internacionales ya que su duración limitada en el cargo lo haría potencialmente susceptible de corrupción debido a los altos intereses asociados a éstos. Esta cuestión es importante pues constituye la materia de la disputa entre Madison y Hamilton que a continuación expongo.

Pacificus versus *Helvidius*

Entre 1793 y 1794 Hamilton y Madison sostuvieron los que se conocen como los debates entre *Pacificus* (Hamilton) y *Helvidius* (Madison). Esta disputa versa acerca de la debida interpretación constitucional del papel que las ramas ejecutiva y legislativa deben tener en la política internacional norteamericana, y es considerado el intercambio que asentó los términos de la discusión hasta nuestros días. La fuente de la discusión fue la proclamación de neutralidad hecha por el entonces presidente Washington frente al conflicto entre Francia e Inglaterra, a pesar de la existencia de un tratado de alianza militar con Francia. Una vez más, no realizaré una síntesis de este rico debate, sino sólo resaltaré algunos puntos que son importantes para los fines que aquí persigo. En particular hay dos puntos que quiero resaltar.

Primero, un argumento expuesto por Hamilton que sostiene una supuesta diferencia entre la naturaleza de las funciones ejecutiva y legislativa. Hamilton argumenta que

> …la dificultad de una especificación completa y perfecta de todos los casos de la autoridad ejecutiva naturalmente dicta el uso de términos generales… El tipo de expresión empleada en la Constitución respecto a estos dos poderes, el Legislativo y el Ejecutivo sirve para confirmar esta inferencia. En el artículo que confiere los poderes legislativos del gobierno las expresiones son "Todos los poderes legislativos aquí concedidos deberán estar investidos en un Congreso de los Estados Unidos" en las que confiere el Poder Ejecutivo las expresiones son, como ya se ha citado: "El Poder Ejecutivo deberá estar investido en un presidente de los Estados Unidos de América".[2]

---

[2] Traducción propia, el original en inglés es: "The difficulty of a complete and perfect specification of all the cases of Executive authority would naturally dictate the use of general terms… The different mode of expression employed in the constitution in regard to the two powers the Legislative and the Executive serves to confirm this inference. In the arti-

El punto de Hamilton es que debido a que la naturaleza de la función ejecutiva requiere capacidad de acción para garantizar la ejecución de las leyes y la defensa nacional, no puede pretenderse que la norma constitucional especifique de manera completa los casos donde la autoridad ejecutiva puede desplegarse. Por ello, de acuerdo con la interpretación hamiltoniana, la Constitución establece de manera general que "el Poder Ejecutivo está investido en el presidente, sujeto sólo a las *excepciones* y *reservas* que estén expresadas en el instrumento".[3] Es interesante notar que el argumento que va del carácter dinámico del gobierno a la imposibilidad de normarlo con leyes específicas fue mucho más desarrollado por uno de los grandes críticos del constitucionalismo liberal, Carl Schmitt (véase Schmitt, 1982), y como veremos, es retomado por Posner y Vermeuler en su crítica al sistema de frenos y contrapesos madisoniano.

Finalmente, para cerrar esta sección quiero subrayar otro elemento importante para nuestra discusión: la relación entre la ambigüedad y la eficacia constitucional. ¿Cómo se debe interpretar *El Poder Ejecutivo deberá estar investido en un presidente de los Estados Unidos de América*? (Constitución de los Estados Unidos de Norteamérica, artículo II) ¿En qué consiste el Poder Ejecutivo? ¿Qué significa ejecutar las leyes? Las respuestas a estas preguntas son todo menos evidentes, como el debate entre Hamilton y Madison, y los que le han seguido durante dos siglos, muestran.

Todo debate sobre la eficacia constitucional de uno o varios artículos presupone una interpretación de las mismas. La discusión entorno al significado de una cláusula no debe confundirse con el debate respecto a su eficacia. Si se parte de una interpretación consensuada, se puede aún disentir respecto a si el artículo en cuestión

---

cle which grants the legislative powers of the Governt. the expressions are –'*All Legislative powers herein granted shall be vested in a Congress of the UStates*'; in that which grants the Executive Power the expressions are, as already quoted 'The Executive Power shall be vested in a President of the UStates of America'" (Hamilton, 1793, *Pacificus I*, <http://oll.libertyfund.org/titles/1910>).

[3] Traducción propia, el original en inglés es: "The Executive Power of the Nation is vested in the President; subject only to the *exceptions* and *qu[a]lifications* which are expressed in the instrument" (Hamilton, 1793, *Pacificus I*, <http://oll.libertyfund.org/titles/1910>).

es eficaz o no. Pero sin esta base la discusión entorno a la eficacia puede confundirse con el debate interpretativo. En otras palabras, es importante primero tener claro cuál es el contenido del texto constitucional para poder después establecer si éste *de facto* se sanciona. Como veremos en el debate contemporáneo sobre la eficacia del sistema madisoniano de frenos y contrapesos no existe un consenso ni sobre el contenido de la Constitución norteamericana, ni sobre lo que significa que un artículo sea eficaz.

Esta discusión claramente trasciende el estudio del sistema madisoniano y nos ubica en temas centrales de la teoría constitucional y de la ciencia política. Vayamos ahora a las posiciones que derivan la total o parcial ineficacia del sistema de frenos y contrapesos del empoderamiento del ejecutivo. Comencemos con la más radical.

2. El Estado administrativo y la ineficacia del sistema de frenos y contrapesos

Eric Posner y Adrian Vermule, ambos reconocidos catedráticos de las escuelas de derecho de Chicago y Harvard, respectivamente, defienden en su libro *The Executive Unbound* que "[v]ivimos en un régimen de gobierno centrado en el ejecutivo, en una era posterior a la separación de poderes, y el ejecutivo legalmente restringido es ahora una curiosidad histórica" (Posner y Vermule 2010, 4).[4] Así, de acuerdo con estos autores, el sistema de frenos y contrapesos madisoniano es totalmente ineficaz, no juega en la política contemporánea norteamericana papel alguno.

Ahora bien, ¿cuál es, de acuerdo con Posner y Vermule, la fuente de esta ineficacia? Si bien incorporan en su texto varias fuentes de ineficacia, incluyendo fuentes endógenas al diseño constitucional, la fuente necesaria y (desde su perspectiva) suficiente para sus conclusiones es la realidad política del Estado administrativo y el orden global. La nuestra es una economía capitalista inserta en un

---

[4] Traducción propia. El original en inglés es: "We live in a regime of executive-centered government, in an age after the separation of powers, and the legally constrained executive is now a historical curiosity."

orden internacional que requiere formas de intervención gubernamental rápidas y cambiantes para responder a los retos económicos y políticos que constantemente emergen. Así, nos dicen Posner y Vermeule, al más puro estilo Schimittiano, sólo el ejecutivo es capaz de reaccionar con suficiente fuerza a esta vertiginosa realidad, mientras que las legislaturas y las cortes no tienen la capacidad de seguirle el paso en el Estado administrativo por lo que juegan un papel crecientemente reactivo y marginal (Posner y Vermule 2009 p. 33). El ejecutivo autónomo y unitario emerge como la única rama apta para la realidad política del siglo XXI, el sistema que buscaba establecer un equilibrio entre las tres ramas de gobierno deja ser una realidad para volverse letra muerta:

> En suma, el liberalismo legal ha probado ser incapaz de reconciliar el Estado administrativo con los orígenes madisonianos del gobierno americano. El marco constitucional y el sistema de separación de poderes genera sólo límites débiles y revocables sobre la acción ejecutiva (Posner y Vermuele, 2010: 10).[5]

Más aún, bajo la perspectiva de estos autores, defender al sistema de frenos y contrapesos madisonianos no es sólo *naïve*, sino es indeseable. La ramas legislativa y judicial no tienen la capacidad de decisión y acción que el mundo contemporáneo requiere, por lo que insistir en darles igual peso que al ejecutivo sólo acarrea ineficacias y, en el extremo, pone en riesgo la seguridad del Estado.

Si, como estos autores argumentan, el mundo global requiere gobiernos representativos centrados en el ejecutivo, es claro que la crítica de Posner y Vermeule no se limitaría al sistema de frenos y contrapesos netamente madisoniano. Si es cierto que el Estado administrativo y el orden global hacen necesaria una autoridad política discrecional con programas *ad hoc* administrados por un ejecutivo (Posner y Vermuele 2010, 32), y que el dicho ejecutivo no puede ser limitado o monitoreado de manera eficaz por las cortes o los parlamentos, entonces el proyecto del constitucionalismo mo-

---

[5] "Liberal legalism, in short, has proven unable to reconcile the administrative state with the Madisonian origins of American government. The constitutional framework and the separation-of-powers system generate only weak and defeasible constraints on executive action".

derno como tal no puede funcionar. Las leyes generales realizadas por los congresos y sancionadas por las cortes son incapaces de dar forma y de especificar la naturaleza de los programas de gobierno, sino que adquieren contenido por la acciones del presidente en el contexto siempre cambiante del orden global, y ni las cortes ni los legisladores tienen la capacidad (ni deben) limitar el comportamiento del ejecutivo, pues es el único garante del funcionamiento gubernamental eficaz y de la seguridad.

Para cerrar esta sección es importante clarificar que Posner y Vermule no consideran que su tesis implique que el ejecutivo norteamericano es una autoridad sin frenos o contrapesos eficaces, su tesis es que éstos no son de carácter legal. De acuerdo con estos catedráticos norteamericanos, los únicos frenos y contrapesos que tienen la capacidad de monitorear y limitar al ejecutivo contemporáneo son de naturaleza política. Por tanto, el único constitucionalismo que es viable es un constitucionalismo cercano al constitucionalismo antiguo donde quienes limitan a la autoridad política son, a la Aristóteles, partes de la sociedad cuyo poder no se deriva de una Constitución codificada (Aristóteles, 2000), o a la Lassalle "los factores reales de poder" (Lassalle, 1949). Así, el uso no arbitrario del poder gubernamental es garantizado por la distribución *de facto* del poder político, no por la distribución *de jure* de los poderes constitucionales entre las ramas de gobierno. En suma, la tesis central de *El Federalista, i.e.*, "la idea de que un gobierno capaz y no arbitrario puede ser establecido a partir de la reflexión y la elección" (Madison Hamilton y Jay, 1957: 78), es irrealizable en el mundo contemporáneo.

Vayamos ahora a dos respuestas, que si bien coinciden en que el empoderamiento del ejecutivo implica cierto grado de ineficacia del sistema madisoniano, no llegan a conclusiones tan extremas.

3. Errores de diseño e ineficacia constitucional

En este inciso nos centraremos en los autores que han enfatizado que las causas de la ineficacia del sistema de frenos y contrapesos sobre el ejecutivo se derivan de errores del constituyente. Esta perspectiva ha sido articulada desde la ciencia política por americanistas como William Howell (Howell, 2005), Terry Moe (Howell y Moe, 1999), John Ferejohn y Rick Hills (Ferejohn y Hills, 2012), quienes han defendido que errores en el diseño constitucional y una mala comprensión de la psicología política propiciaron la preponderancia del ejecutivo en el sistema político norteamericano. Aunque pudiera parecer que ésta es una discusión que atañe sólo a los americanistas, la gran influencia que este diseño constitucional tuvo la hace relevante para el debate constitucional y político más allá de las fronteras estadounidenses.

Bajo esta interpretación se pueden distinguir dos tipos causas de la ineficacia del sistema de frenos y contrapesos de cara al ejecutivo. Por un lado, las características constitucionales que impulsan y posibilitan al ejecutivo a ir más allá de sus facultades constitucionalmente establecidas. Y por el otro, los problemas que impiden la autodefensa Congreso frente a las acciones unilaterales del ejecutivo.

Existen dos características institucionales del ejecutivo, analizadas y justificadas por Hamilton en *El Federalista*, que han impulsado de manera importante el empoderamiento del ejecutivo. Ambas las discutimos en el segundo inciso de este texto. Éstas son, en término hamiltonianos: su *unidad* (es decir, el carácter jerárquico y vertical del ejecutivo y el hecho que esté presidido por una única cabeza), y su *responsabilidad* (esto es el que sea percibido como el responsable de la resolución de problemas concretos).

Como vimos, en el *Federalista* 70 Hamilton argumenta a favor de un ejecutivo unitario. Esta unidad es una condición *sine qua non* de la energía del ejecutivo republicano ya que "los actos de un solo hombre se caracterizan por su decisión, actividad, reserva y diligencia, en un grado mucho más notable que los actos de cualquier número mayor..." (*El Federalista* 70). Así el carácter unitario del ejecutivo le imprime energía, lo inmuniza de los problemas de acción colectiva, y hace posible que se le perciba como el principal responsable de las decisiones gubernamentales tanto por actores domésticos como por internacionales.

Ahora bien, esta energía hamiltoniana marcada por la unidad y la responsabilidad del ejecutivo genera incentivos que chocan con las limitantes formales del sistema de frenos y contrapesos madisoniano. Como William Howell enfatiza, el dilema básico que enfrentan todos los presidentes modernos es el desfase entre las expectativas vertidas sobre ellos y los poderes que la Constitución les otorga.

El público espera que resuelva mucho más de lo que sus poderes formales le permiten... desde el *New Deal*... los presidentes deben responder a casi cualquier problema social y económico concebible... armados con un poco más que los poderes para proponer y vetar legislación, y designar burócratas, los presidentes modernos parecen destinados al fracaso (Howell, 2005: 420).

Frente a este dilema, el ejecutivo hamiltoniano, preocupado por su legado, ambicioso y energético, recurre de manera creciente a las acciones unilaterales para responder a las expectativas de su electorado. De este modo, el presidente es incentivado para extralimitarse por un diseño que lo pone en el centro de la arena política, en el foco de la opinión pública, y que le da la capacidad de decidir y actuar de un modo eficaz gracias a su unicidad y a la verticalidad de su diseño. A ello se suma la notable ambigüedad del artículo II de la Constitución americana que, como hemos visto, facilita una interpretación expansiva del poder ejecutivo que inauguró Hamilton en *Pacificus I* y que ha tenido un largo desarrollo.

La otra pinza que termina por estrangular al sistema de frenos y contrapesos bajo esta perspectiva es la incapacidad institucional del Congreso para defender sus facultades frente a las acciones unilaterales del ejecutivo. Para entender la fuente de esta incapacidad es fundamental recordar que Madison consideraba que la rama legislativa sería la más peligrosa en una república representativa (véase *El Federalista* 48). Este diagnóstico resultó equivocado por dos razones: primero porque no incorporó los graves problemas de acción colectiva que el Congreso enfrentaría, y segundo porque asumió que el legislativo sería la rama con más apoyo popular debido a su "cercanía con el pueblo". Desarrollemos brevemente ambas cuestiones.

La principal causa de la incapacidad de autodefensa del Congreso son los fuertes problemas de acción colectiva que lo aquejan. Como explican Moe y Howell:

El Congreso está compuesto de cientos de miembros, cada uno un emprendedor político por derecho propio, cada uno dedicado a su reelección y por tanto a servir a su electorado. Aunque todos tienen un interés común en el poder institucional del Congreso, éste es un bien común que, por razones bien sabidas sólo puede motivar débilmente su comportamiento. [Los congresistas] están atrapados en un dilema del prisionero: todos se podrían beneficiar si pudieran coordinarse para defender el poder del Congreso, pero cada uno tiene fuertes incentivos para no hacer su parte y concentrarse en su electorado (Moe y Howell, 1999: 144).

En suma, el carácter colectivo de la rama legislativa la enfrenta a serios problemas de acción colectiva y los incentivos electorales hacen que para cada uno de sus miembros sea racional concentrarse en su reelección y abandonar la defensa de las facultades de la institución frente a los embates de las acciones unilaterales del presidente.

Por otro lado, Madison partió de la idea de que el Congreso sería la rama con más apoyo popular. Como nos dicen Ferejohn y Hills:

La insuficiencia de los frenos constitucionales se debió en parte al fracaso de los fundadores de entender el papel que "el pueblo" podía jugar en la política constitucional. Madison pensó que porque eran electos por un electorado relativamente pequeño en elecciones frecuentes, los miembros de la cámara baja serían los más cercanos al pueblo y serían en quienes más confiarían en cualquier pugna de poder. Él no entendió que los representantes en elecciones pequeñas son frecuentemente invisibles a sus electores... y que el pueblo más fácilmente se identifica y siente cercano a un presidente o un candidato presidencial. No es que estuviera equivocado en pensar que la cercanía del pueblo era importante, es sólo que su idea de cercanía era mecánica en lugar de psicológica (Ferejohn y Hills, 2014: 30).

En resumen, el temor no fundamentado de Madison hacia el Congreso hizo que el sistema de frenos y contrapesos pusiera demasiado énfasis en esta rama. Así, debido en gran medida al diseño constitucional, la rama más peligrosa resultó ser un gigante con los pies de barro incapaz siquiera de defenderse.

Es importante notar que, dado que para estos autores la causa de la ineficacia parcial del sistema de frenos y contrapesos radica en estas características formales, los remedios que prescriben para salvar al sistema de frenos y contrapesos responden a ellas. Por ejemplo, Ferejohn y Hills proponen un conjunto de reformas para responder a los problemas de acción colectiva del Congreso como el empoderamiento de los comités legislativos y del presidente de la Cámara.

4. Partidocracia e ineficacia constitucional

Esta perspectiva acepta, como la anterior, que el empoderamiento del ejecutivo ha generado ineficacias en el sistema madisoniano de frenos y contrapesos, pero ubica la causa en surgimiento del sistema de partidos.

De acuerdo con el modelo madisoniano, una de las garantías de que el poder de las distintas ramas iba a permanecer separado y controlado era que quienquiera que asumiera una posición en ellas, adquiriría el interés personal de mantener la integridad de dicha institución y de proteger sus facultades constitucionales. Citando a Madison:

> La mayor seguridad contra la concentración gradual de los diversos poderes en un solo departamento reside en dotar a los que administran cada departamento de los medios constitucionales y los motivos personales necesarios para resistir las invasiones de los demás… La ambición debe ponerse en juego para contrarrestar a la ambición. El interés humano debe entrelazarse con los derechos constitucionales del puesto (Madison, Hamilton y Jay, 1957: 220).

Daryl Levinson y Richard Pildes, entre otros reconocidos constitucionalistas, han argumentado que el surgimiento del sistema de partidos *de facto* bloqueó la eficacia del sistema madisoniano de frenos y contrapesos debido a que imprimió una dinámica totalmente diferente a la relación entre el Congreso y el presidente. La estructura de partidos canaliza la ambición personal de los congresistas hacia un conjunto de actividades que poco o nada tienen que ver con la defensa y el empoderamiento institucional del Congreso. Por el contrario, nos dicen Levinson y Pildes:

> Los políticos adquieren y ejercen el poder ganando elecciones competidas y llevando a cabo metas políticas e ideológicas. Ninguno de estos objetivos está correlacionado de manera obvia con los intereses o el poder de las ramas de gobierno como tales... (Levinson y Pildes, 2006: 2331).

Así, *de facto* la variable determinante para dar cuenta de la relación entre las ramas ejecutiva y legislativa es el partido al que pertenecen. Cuando hay gobierno unificado, es decir, cuando ambas pertenecen al mismo partido se observa una cooperación que incomoda a más de un madisoniano. Por el contrario, cuando el gobierno está dividido, es decir, cuando el presidente y la mayoría legislativa pertenecen a partidos políticos diferentes, se observa un obstruccionismo que llega a la parálisis gubernamental. Cuando estos frenos son activados, las motivaciones que ocasionan el comportamiento son los intereses partidarios, no por los intereses institucionales como *El Federalista* preveía. Así, aun cuando el legislativo y el ejecutivo se oponen, lo que vemos es una separación de partidos no de poderes.

La causa de esta forma de ineficacia constitucional sí es de carácter más local, ya que la Constitución americana es una de las pocas que no incorpora a los partidos políticos en su estructura. Sin embargo, la moraleja es relevante para todas las democracias constitucionales contemporáneas: para que un sistema de frenos y contrapesos sea eficaz debe incorporar y domesticar los incentivos partidistas.

5. Un ejecutivo poderoso no hace ineficaz al sistema de frenos y contrapesos

Finalmente, queda una última respuesta por analizar, la que niega que el empoderamiento del ejecutivo implique la ineficacia del sistema constitucional defendido por *El Federalista*. En palabras de uno de los autores que defiende esta tesis:

Debido a que las repúblicas habían fracasado repetidamente y ningún régimen o teoría política había hallado una solución para remediar el problema, los Fundadores encontraron una respuesta: crearon una institución al interior de la separación de poderes que fuera lo suficientemente poderosa y flexible para responder a las condiciones contextuales... es así como el ejecutivo hamiltoniano se acomodó al interior de la separación de poderes madisoniana (Alexander Izquierdo, 2011).

Esta perspectiva defiende que las inconsistencias entre el diseño constitucional del ejecutivo hamiltoniano y del sistema de frenos y contrapesos madisoniano es sólo aparente. Así, se nos dice, el diseño constitucional fue ideado para incorporar estos dos mecanismos: un sistema de frenos y contrapesos que generara un gobierno moderado para la política en tiempos de normalidad y un sistema liderado por un ejecutivo fuerte, flexible y capaz de actuar en tiempos de emergencia. Por supuesto, una de las fuentes más importantes para determinar las intenciones de los fundadores es *El Federalista*.

Respecto a esta postura, me parece fundamental subrayar que la noción de eficacia constitucional que asume difiere de las nociones presupuestas en las respuestas previas. Este punto se vuelve evidente cuando se ve que el autor afirma la eficacia del sistema de frenos y contrapesos aún en presencia de comportamientos unilaterales que claramente violentan las prescripciones de la Constitución codificada porque los fundadores previeron e intencionalmente generaron los incentivos que motivan dichas violaciones. Así, bajo esta conceptualización de eficacia, una Constitución es eficaz cuando las expectativas de los fundadores se llevan a cabo independientemente de que el contenido de los artículos constitucionales se violente o no. Así, por ejemplo, que la Constitución de Estados Unidos prescriba que sólo el Congreso tiene la facultad de declarar la guerra, y *de facto* sea el presidente quien prácticamente en todos los casos toma esta decisión (véase Hallet, 2012), no es suficiente para declarar que la Constitución es, en este respecto, ineficaz si se puede mostrar que el constituyente intencionalmente le dio el poder al ejecutivo para que tomara este tipo de acciones. En cambio, la posturas previas, en particular la que adjudica la ineficacia del sistema de frenos y contrapesos a un error de diseño, presupone una conceptualización de eficacia constitucional que requiere que el contenido del texto constitucional de hecho se lleve a cabo (para mayor desarrollo sobre las concepciones de eficacia constitucional, véase Pozas Loyo, 2012). Éste no es el lugar para desarrollar estas cuestiones conceptuales, pero es importante subrayar que, como ya se dijo, hay que distinguir los desacuerdos conceptuales sobre qué es eficacia constitucional, de los desacuerdos sobre si una Constitución (o parte de ella) es o no eficaz.

Conclusión

En este capítulo sostuve que *El Federalista* sigue siendo una referencia obligada para todo aquel que esté interesado en la ciencia política y la teoría constitucional contemporánea. Para sustentar este punto presenté y discutí el importante debate contemporáneo respecto a la eficacia o ineficacia del sistema madisoniano de frenos y contrapesos de cara al empoderamiento del ejecutivo. Mostré que importantes autores argumentan que el papel protagónico del presidente en el sistema político norteamericano actual ha roto con el texto constitucional generando ineficacia, mientras que otros no consideran que éste sea el caso. Argumenté que este debate es relevante para la ciencia política y la teoría constitucional más allá de las fronteras estadounidenses debido a la influencia de las ideas y el diseño institucional de los fundadores norteamericanos (en particular para América Latina), y a que el empoderamiento del ejecutivo es un fenómeno político global.

De este modo, mi objetivo no fue defender una de las cuatro posiciones que identifiqué en este debate, sino mostrar la relevancia del mismo y la centralidad que tiene *El Federalista* en él. Sin embargo, para cerrar, quiero contrastar brevemente las cuatro posturas que presenté y hacer un punto que me parece digno de consideración.

La postura de Posner y Vermeule, a diferencia de las otras, sostiene no sólo que el sistema de frenos y contrapesos es ineficaz, sino que no puede ser eficaz. Esta incapacidad se deriva, de acuerdo con ellos, de dos hechos: en primer lugar, de la realidad política y económica del mundo globalizado que requiere un gobierno flexible y dinámico que no puede, ni debe, ser limitado por instituciones con las características del legislativo y el judicial. Y en segundo lugar, de la imposibilidad de cualquier norma constitucional (norma escrita necesariamente rígida y general) de incorporar las formas específicas de la autoridad política del ejecutivo. Vale la pena contrastar esta postura con las tesis de quienes sostienen que la ineficacia del sistema de frenos y contrapesos se deriva o de la partidocracia (Levinson y Pildes, 2006) o de errores de diseño (Howell, 2005; Howell y Moe, 1999; Ferejohn y Hills, 2012). Para estos dos grupos de autores el problema de ineficacia del sistema de frenos y contrapesos es remontable, o al menos, un sistema constitucionalista similar es en principio factible. Mientras que Levinson y Pildes consideran que la integración de los partidos políticos al sistema de frenos y contrapesos es necesario, Ferehohn y Hills tienen una serie de propuestas para minimizar los problemas de acción colectiva que aquejan al Congreso. Este punto es muy importante pues hay una fuerte diferencia entre sostener que el modelo madisoniano no ha funcionado y defender que en la realidad política actual ningún sistema de frenos y contrapesos de orden legal es viable.

Otro punto que me parece relevante subrayar es el contraste que existe entre cómo entienden los procesos constituyentes Ferejohn y Hills *versus* cómo lo hace Alexander Izquierdo. Este último parte de *la perspectiva del diseñador* (véase Ferejohn, 2006), desde la cual se asume que el diseño constitucional es resultado de un razonamiento que va de la función de la institución a su diseño. Desde esta perspectiva, *El Federalista* es una bitácora de ese raciocinio. Por otro lado, Ferejohn y Hills nos acercan al proceso constituyente americano y a *El Federalista* desde una perspectiva totalmente distinta. Para ellos, la Constitución es un documento políticos resultado de negociaciones por parte de actores con intereses y visiones institucionales diversas, que contiene tensiones e incluso inconsistencias las cuales tienen implicaciones importantes para la eficacia del marco constitucional.[6]

---

[6] Para ver cuándo estos procesos políticos generan marcos constitucionales con frenos y contrapesos, véase Pozas-Loyo y Ríos Figueroa (2010).

Finalmente, quiero hacer notar que mientras que las dos posturas intermedias (las que dan cuenta la ineficacia del sistema de frenos y contrapesos como consecuencias de errores de diseño y del sistema de partidos) no son mutuamente excluyentes, las otras dos posturas sí lo son con todas las demás. En otras palabras, uno puede sostener coherentemente que sostener que el sistema de madisoniano es ineficaz debido a errores de diseño o a la dinámica de partidista. Pero si uno asume la postura de Posner o Vermule o la de Alexander Izquierdo, entonces no puede también sostener ninguna de las perspectivas restantes.

Independientemente de cuál postura haya convencido más al lector o lectora, espero haber defendido convincentemente que *El Federalista* es una referencia obligada para este y otros importantes debates constitucionales. Por ello hoy, a casi 230 años de haber sido escritos, debemos seguir leyéndolo.

Bibliografía

Alexander Izquierdo, Richard (2011). *Rethinking Presidential Constructions of Constitutional Regimes*. Ph.D. Dissertation, Stanford University.

Aristóteles, *La Política*, trad. Manuela García Valdés. Madrid: Gredos, 2000.

Durchslag, Melvyn R. (2005). "The Supreme Court and the Federalist Papers: Is There Less Here Than Meets the Eye?" *Wm. & Mary Bill Rts. J.*, 14, p. 243.

Eskridge, William N. Jr. (1998). "Should the Supreme Court Read The Federalist but Not Statutory Legislative History?" *Geo. Wash. L. Rev.*, 66, p. 1301.

Ferejohn, John y Hills, Rick (2012). "Blank Checks, Insufficient Balances", documento de trabajo ver: <http://www.law.uchicago.edu/files/files/Ferejohn-paper-new.pdf>.

Hallett, Brien (2012). *Declaring War: Congress, the President, and What the Constitucion Does not Say*. Nueva York: Cambridge University Press.

Hamilton, Alexander, Madison, James y Jay, John (2001). *El Federalista*, 2a. ed., trad. y pról. de Gustavo R. Velasco. México: FCE.

Holmes, Stephen (1995). "Constituionalism", en Seymour Martin Lipset (ed.). *The Encyclopedia of Democracy*. Washington: Congressional Quarterly.

Howell, William (2005). "Unilateral Powers: A Brief Overview". *Presidential Studies Quarterly*, vol. 35, núm. 3, septiembre de 2005, pp. 417-439.

Lassalle, Ferdinand (1942). "On the Essence of Constitutions". *Fourth International*, 3(1), pp. 25-31.

Levinson, Daryl J. y Pildes, Richard H. (2006). "Separation of Parties, not Powers". *Harvard Law Review*, 119(8), pp. 2312-2385.

Lupu, Ira C. (1998). "Time, the Supreme Court, and The Federalist". 66 *Geo. Wash. L.Rev.*, 1324.

Mayer, Kenneth R. (2009). "The Presidential Power of Unilateral Action", en *The Oxford Handbook of the American Presidency*. Ed. Howell William ad Edward George C. Nueva York: Oxford University Press.

Moe, Terry y Howell, William G. (1999). "The Presidential Power of Unilateral Action". *JLEO*, vol.15, núm.1, pp. 132-179.

Pierson, Charles W. (1924). "The Federalist in the Supreme Court". 33 *Yale L. J.*, p. 728.

Posner, Eric A. y Vermeule, Adrian (2010). *The Executive Unbound*. Nueva York: Oxford University Press.

Pozas-Loyo, Andrea (2012). *Constitutional Efficacy*. Ph.D. Dissertation, New York University.

_________ y Ríos Figueroa, Julio (2010). "Enacting Constitutionalism. The Origins of Independent Judicial Institutions in Latin America". *Comparative Politics*, vol. 42, núm. 3.

Rakove, Jack (1996). *Original Meanings*. Nueva York: Random House.

Schmitt, Carl (1982). *Teoría de la Constitución*. Madrid: Alianza.

Vile, M. J. C. (976). *Constitutionalism and the Separation of Powers*. Oxford: Clarendon Press, 1967.

Wilson, James G. (1985). "The Most Sacred Text: The Supreme Court's Use of The Federalist Papers". *Byu L. Rev.*, 65.

Juan Francisco González Bertomeu

Licenciado en Derecho por la Universidad Nacional de la Plata (Argentina); maestro en Derecho por la New York University, y doctor en Derecho por la misma institución. Actualmente es profesor de tiempo completo en el Instituto Tecnológico Autónomo de México.

Ha impartido cursos en la Universidad de San Andrés (Argentina), la Universidad de Buenos Aires (Argentina), la Universidad de Palermo (Argentina) y la Universidad Nacional de La Plata. Sus investigaciones se centran, principalmente, en teoría constitucional, estudios empíricos de la justicia, teoría del derecho y análisis económico del derecho.

Ha publicado:

"Notas sobre federalismo", en Roberto Gargarella (ed.), *Teoría y crítica del derecho constitucional*. Buenos Aires: Abeledo Perrot, 2008.

"¡Sin precedentes!" *Jurisprudencia Argentina*, Suplemento de *Jurisprudencia de la Corte Suprema de Justicia de la Nación*, Abeledo Perrot, 27/5/2009, pp. 3-29.

"Against the Core of the Case: Structuring the Evaluation of Judicial Review". *Legal Theory*, vol. 17, núm. 2, Cambridge University Press, junio de 2011.

"El Estado como precondición de los derechos: beneficios y límites de una concepción relevante para América Latina", en Stephen Holmes y Cass Sunstein, *El costo de los derechos*. Buenos Aires: Siglo XXI, 2011.

"Justiciability" (con Mark Tushnet), en Mark Tushnet, Thomas Fleiner y Cheryl Saunders (eds.), *Routledge Handbook on Constitutional Law*. Routledge, 2012.

"¿La Constitución de Sísifo? Levinson y el cambio constitucional", en Sanford Levinson, *Nuestra Constitución antidemocrática*. Madrid: Marcial Pons, 2012.

"Cómo aprendí a odiar (y amar) la discusión sobre control judicial", en Heber Joel Campos Bernal (ed.), *Control constitucional y activismo judicial*. Lima: ARA Editores, 2012.

"Gobierno unificado, gobierno dividido. Una teoría del control judicial y la división de poderes", en Julio C. Rivera (h), José Sebastián Elías, Lucas S. Grosman y Santiago Legarre (eds.), *Tratado de los derechos constitucionales*. Buenos Aires: Abeledo Perrot, 2014.

"Los doce apóstoles. La Corte Suprema y sus jueces en la dictadura", en Juan Pablo Bohoslavsky (ed.), *¿Usted también doctor? Complicidad judicial y legal durante la dictadura en Argentina*. Buenos Aires: Siglo XXI, 2015.

GABRIEL L. NEGRETTO

Licenciado en Derecho por la Universidad de Buenos Aires; maestro en Ciencias Sociales por la Facultad Latinoamericana de Ciencias Sociales, Buenos Aires; maestro en Asuntos Internacionales por la Universidad de Columbia, y doctor en Ciencias Políticas por la misma institución. Actualmente es profesor-investigador del Departamento de Estudios Políticos del Centro de Investigación y Docencia Económicas (CIDE) y es miembro Nivel III del Sistema Nacional de Investigadores (SNI, México).

Sus investigaciones se centran principalmente en política constitucional comparada, instituciones políticas, reforma electoral y diseño constitucional. Ha publicado numerosos artículos sobre estos temas en revistas como *The British Journal of Political Science, Law & Society Review, The Journal of Politics, Comparative Political Studies, Government and Opposition, Latin American Politics and Society, Journal of Latin American Studies,* y *Texas Law Review,* entre otras.

Ha publicado:

"En Repensant le Republicanisme Liberal en Amerique Latine. Alberdi et la Constitution Argentine de 1853". *Les Cahiers ALHIM,* Université Paris 8, núm. 11, 2005.

"La reforma constitucional en México: apuntes para un debate futuro". *Política y Gobierno,* vol. 13, núm. 2, otoño de 2006, pp. 361-92.

"Minority Presidents and Democratic Performance in Latin America". *Latin American Politics and Society*, vol. 48, núm. 3, otoño de 2006, pp. 63-92.

"Choosing How to Choose Presidents: Parties, Military Rulers, and Presidential Elections in Latin America". *The Journal of Politics*, vol. 68, núm. 2, mayo de 2006, pp. 421-33.

"Political Parties and Institutional Design. Explaining Constitutional Choice in Latin America". *British Journal of Political Science*, vol. 39, primavera de 2009, pp. 117-139.

Debatiendo la reforma política. Claves del cambio institucional en México. México: CIDE-Contextos, 2010.

"Shifting Constitutional Designs in Latin America. A Two-Level Explanation". *Texas Law Review*, núm. 89, junio de 2011, pp. 1-29.

"Replacing and Amending Constitutions. The Logic of Constitutional Change in Latin America". *Law & Society Review*, vol. 46, núm. 4, octubre de 2012.

Making Constitutions. Presidents, Parties and Institutional Design in Latin America. Nueva York: Cambridge University Press, 2013.

"Authoritarian Constitution Making. The Role of the Military in Latin America", en Tom Ginsburg y Alberto Simpser (eds.), *Constitutions in Authoritarian Regimes*. Nueva York: Cambridge University Press, 2014.

"From Duverger to Rokkan and Back: Progress and Challenges in the Study of Electoral Systems", en Jennifer Gandhi y Ruben Rufino (eds.), *Routledge Handbook of Comparative Political Institutions*. Routledge, 2015.

Andrea Pozas-Loyo

Licenciada en Filosofía por la Universidad Autónoma de México (UNAM); maestra en Filosofía por la New School University; maestra en Ciencia Política por la Universidad de Nueva York (NYU), y doctora en Ciencias Políticas por la misma institución. Actualmente es investigadora en el Instituto de Investigaciones Jurídicas de la UNAM.

Sus temas de investigación son la relación entre instituciones formales e informales, el constitucionalismo comparado (con énfasis en América Latina) y la historia del pensamiento político. Sus trabajos han aparecido en prestigiadas revistas como *Comparative Politics* y *Texas Law Review*, y en volúmenes editados nacionales e internacionales. Es autora del libro *¿Eficacia constitucional?: génesis de una idea radical* (en prensa IIJ-UNAM) y actualmente está trabajando en un manuscrito sobre la eficacia de los roles constitucionales.

Ha publicado:

"When and Why 'Law' and 'Reality' Coincide? De Jure and De Facto Judicial Independence in Chile and Mexico", en Alejandra Ríos-Cazares y David A. Shirk (eds.), *Evaluating Transparency and Accountability in Mexico: National, Local and Comparative Perspectives*. San Diego: University of San Diego Press. con Julio Ríos Figueroa reimpreso en P Sabiha Khanum (ed.), *Judicial Independence and Accountability. A Debate*. Hyderabad, India: The Icfai University Press, 2007.

"Social Networks and Preference Formation", en Gry Ardal y Jacob Bock, *Spheres of Exemption, Figures of Exclusion*. Malmö, Sweden: NSU Press, 2010.

Para entender la justicia constitucional. México: Nostra Ediciones, 2010, con Julio Ríos-Figueroa

"Enacting Constitutionalism. The Origins of Independent Judicial Institutions in Latin America". *Comparative Politics*, vol. 42, núm. 3, 2010, con Julio Ríos-Figueroa.

"The Politics of Amendment Processes: Supreme Court Influence in the Design of Judicial Councils". *Texas Law Review*, vol. 90, 2011, con Julio Ríos-Figueroa.

"Los jueces constitucionales latinoamericanos frente al espejo: sobre la procedencia de juzgar la constitucionalidad de una reforma constitucional", en Rafael Rojas, Pablo Mijangos y Adriana Luna (eds.), *De Cádiz al siglo XX: dos siglos de constitucionalismo en México e Hispanoamérica*. México: CIDE / Taurus, 2012.

"Rousseau's Supermayoritarian Justification of Majority Rule". *Problema*, núm. 8, México, IIJ, 2014

¿Eficacia constitucional? Génesis de una idea radical. México: IIJ-UNAM (en prensa).

Lectura contemporánea de los clásicos

¿Por qué leer a Alamán hoy?

Andrés Lira, Catherine Andrews, Josefina Z. Vázquez

¿Por qué leer a Bentham hoy?

José Juan Moreso, Germán Sucar

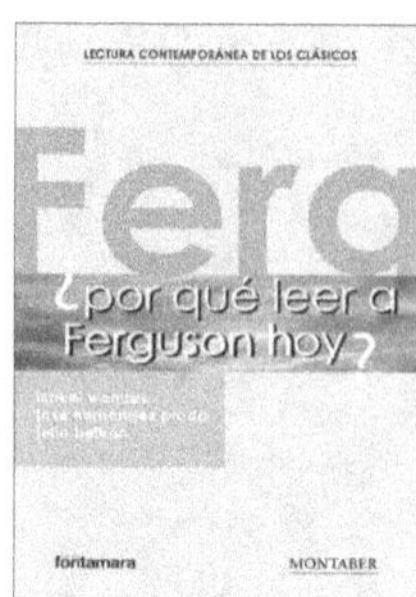

¿Por qué leer a Ferguson hoy?

Isabel Wences, José Hernández Prado, Julio Beltrán

¿Por qué leer a Mill hoy?

Mark Platts, Miguel Carbonell, Juan Carlos Geneyro

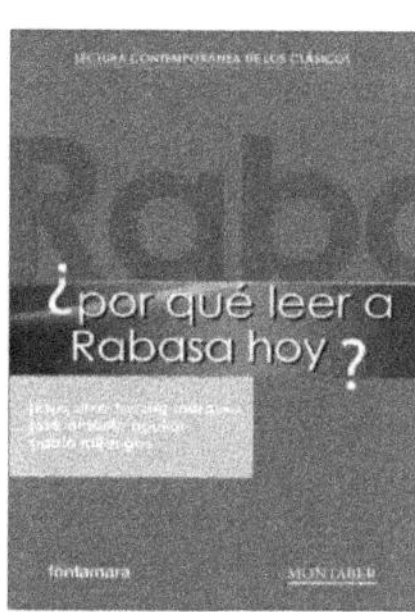

¿Por qué leer a Rabasa hoy?

Jesús Silva-Herzog Márquez, José Antonio Aguilar, Pablo Mijangos

¿Por qué leer a Rousseau hoy?

Antonella Attili, Luis Salazar Carrión, Julieta Marcone

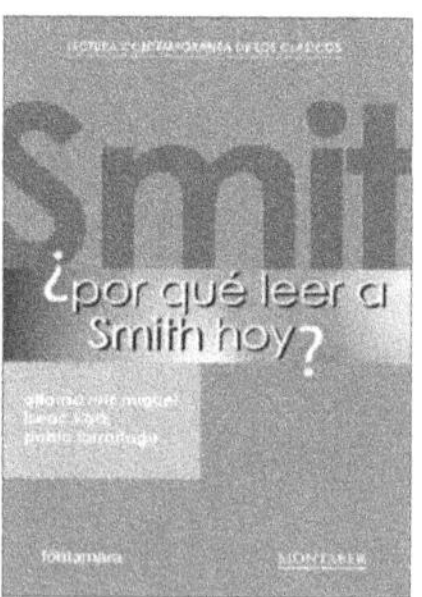

¿Por qué leer a Smith hoy?

Alfonso Ruiz Miguel, Isaac Katz, Pablo Larrañaga

¿Por qué leer a Tocqueville hoy?

Roberto Breña, Claudio López-Guerra, Jesús Silva-Herzog Márquez

¿Por qué leer a Weber hoy?

Nora Rabotnikof, Ulises Schmill, Gina Zabludovsky

Otros títulos publicados

Amor platónico
Hans Kelsen

Análisis de un examen estandarizado
José Manuel Casillas Domínguez

Derechos humanos. Un camino hacia la pacificación
Julio Cabrera Dircio

Experiencias adversas de la seguridad del paciente
Rosa Ortiz Rivera

Nuestros niños sicarios
Elena Azaola Garrido

En guerra por la vida. Crisis climática y transformación social
Josep Cabayol

La práctica de la terapia como construcción social
Sheila McNamee, Emerson F. Rasera, Pedro Martins

El imperativo relacional Recursos para un mundo al límite
Kenneth J. Gergen

Ideología y opiniones Estudios de psicología retórica
Michael Billig

MONTABER   Tel. +34-931 429 486 – montaber@montaber.es – www.montaber.es

www.ingramcontent.com/pod-product-compliance
Lightning Source LLC
Chambersburg PA
CBHW071208130726
47998CB00002B/668